Джон Коулман

ВОЙНА НАРКОТИКОВ ПРОТИВ АМЕРИКИ

OMNIA VERITAS®

Джон Колман

Джон Коулман - британский писатель и бывший сотрудник Секретной разведывательной службы. Коулман подготовил различные аналитические материалы о Римском клубе, Фонде Джорджио Чини, Forbes Global 2000, Межрелигиозном коллоквиуме мира, Тавистокском институте, Черном дворянстве и других организациях, близких к теме Нового мирового порядка.

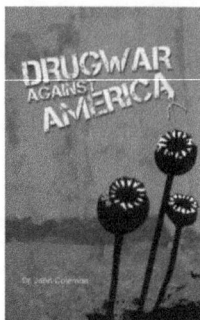

ВОЙНА НАРКОТИКОВ ПРОТИВ АМЕРИКИ

DRUG WAR AGAINST AMERICA

Переведено с английского и опубликовано компанией
Omnia Veritas Limited

© Omnia Veritas Ltd - 2022

ⓄMNIA VERITAS

www.omnia-veritas.com

Глава 1

Война наркотиков против Америки

Первый шаг в решении проблемы - признать ее проблемой. У Америки есть проблема наркотиков, огромная проблема наркотиков, которая отказывается исчезать; проблема, которая не будет решена, пока нация не обратится к ее истокам.

Большинство американцев знают, что существует эпидемия наркомании, но лишь небольшое меньшинство осознает, что она была навязана нашему обществу "властителями тьмы, злодеями в высших сферах, которые предпочитают тьму свету, потому что их действия злы".

Эта книга о том, кто эти люди и как они управляют крупнейшей и самой прибыльной компанией в мире, чего они добились и какова эффективность принятых мер противодействия.

Не думайте, что торговля наркотиками - это просто уличная торговля, где дилеры контролируются мафией. Это, конечно, часть проблемы, но настоящих пропагандистов этой проклятой торговли можно найти в коридорах "элиты" этого мира, "королевских" семей, "благородных" семей Европы и "лучших" семей Америки, Великобритании и Канады. Торговля достигает высших эшелонов власти, и ее не удалось искоренить, а только несколько сдержать. Министерство сельского хозяйства США и агентства по борьбе с наркотиками по всему миру пытаются бороться с лесным пожаром с помощью шлангов без достаточного давления воды. Как это возможно?

Ответ заключается в том, что наркоторговлю невозможно искоренить, потому что ее руководители, властители тьмы, злодеи на высоких постах, не позволят отобрать у них самый прибыльный в мире бизнес с колоссальными прибылями, требующий минимального инвестиционного капитала, практически бесплатный продукт с минимальными производственными затратами. Единственные проблемы, с которыми сталкиваются контролеры этого массивного "общества", - это доставка и распределение. Как я уже говорил в одной из своих книг, нация, способная организовать массовую мобилизацию и отправить огромную армию за границу, чтобы сражаться и победить во Второй мировой войне, может организовать кампанию по искоренению наркоторговли.

Является ли незаконный оборот наркотиков более сложной задачей, чем война против Германии и Японии во время Второй мировой войны? Конечно, нет, Америка может это сделать. Проблема в том, что как только американское агентство по борьбе с наркотиками начинает заниматься этой проблемой, в дело вступает фактор X, а фактор X - это правящая элита, чье огромное состояние формируется за счет торговли наркотиками.

Эта торговля началась в 1652 году и затронула несколько других стран. Аристократическое "высшее общество" Великобритании фактически управляло прибыльной китайской торговлей опиумом, и лорд Пальмерстон из британского правительства даже заявил об этом в парламенте.

Огромное богатство и власть, которыми пользуются семьи британской аристократии - правящего класса - можно проследить непосредственно через эту одиозную и грязную деятельность. Как я часто говорил в своих *еженедельных разведывательных отчетах* и в других местах, длительная борьба за контроль над Гонконгом между британским и китайским правительствами велась не из-за самой островной суши, а из-за того, кому достанется львиная доля миллиардов долларов, получаемых от торговли опиумом в Китае, на которую приходится 64% его валютных поступлений. Благородные семьи Британии всегда получали львиную долю пирога, но теперь, когда китайцы потребовали больший кусок, с распадом Британской империи и ее могущества, у Британии не было выбора, кроме как удовлетворить их требование, но с условием. Контроль над мировой торговлей должен был остаться в руках Великобритании, в запятнанных руках "благородных" и высокочтимых "старых" семей, тех, кто не уделит должного времени таким, как американский народ, олигархии, занимающей места у власти в высших эшелонах власти! Война наркотиков против Америки приняла новый и тревожный оборот в начале 1950-х годов, когда Олдос Хаксли и Бертран Рассел внедрили ЛСД в американскую молодежь.

ЛСД производится швейцарской семьей олигархии и черной аристократии - Hoffman LaRoche. Эксперименты с ЛСД официально находятся под контролем Стэнфордского исследовательского центра, где под кодовыми названиями "Операция Наоми" и "Операция Артишок" проводились масштабные эксперименты с марихуаной и кокаином.

Американская молодежь исчезла под метелью белого порошка, образовавшегося из смятых зеленых листьев. Согласные и несогласные жертвы проходили "тестирование" в таких местах, как Центр по борьбе с наркоманией, больница Маунт Синай и Бостонская психиатрическая больница, и это только два крупнейших центра тестирования. Одновременно с продвижением атональной "музыки" Тео Адорно, усовершенствованной в Уилтон-Парке, доме британской пропаганды и центре дезинформации, появилось потрясающее мошенничество под названием "рок-музыка" в исполнении рок-групп, которое послужило средством для внедрения печально известных программ промывания мозгов и "тестирования" на наркотики.

Первым из многих подобных обманов стало "открытие" Эдом Салливаном наркозависимых "Битлз". Весь бизнес "рока" был задуман и усовершенствован в Уилтон-Парке с намеренной целью использовать его как средство привлечения молодых американцев к употреблению наркотиков и сделать это приемлемым социальным обычаем. Рок был задуман исключительно как средство распространения наркотиков, и все "рок-группы", "открытые" после эксперимента "Битлз", стали частью психологической войны против молодежи многих стран. Все мошеннические группы были созданы в Уилтон-Парке специалистами, которые назвали их "атональной музыкой", после чего Уилтон-Парк выпустил целую серию "рок-групп" на ничего не подозревающую американскую публику. Эд Салливан, самый известный американский радиоведущий, стал соучастником преступления века, привезя "Битлз" в Америку!

Тех, кто занимался рекламой рок-концертов или распространением пластинок и кассет с этим отвратительным звуком, какофонией шума, будоражащего сознание, следовало бы привлечь к ответственности за участие в распространении наркотиков. Я считаю, что все рок-концерты - это преступление, потому что они используются для того, чтобы побудить молодежь принимать наркотики. Так рок-концерты организовывались в основном как прикрытие для распространения наркотиков и как рок-"музыка" стала неотъемлемой частью войны с наркотиками в Америке. Пришло время нам, народу, снять перчатки и стукнуть друг друга по голове!

Вдвойне трудно будет искоренить наркоторговлю, пока не будет искоренена "рок-музыка" и не будут объявлены вне закона так называемые "рок-концепции". Это означает закрытие звукозаписывающего подразделения RCA, а, как известно тем из вас, кто следил за моими отчетами на протяжении многих лет, RCA является филиалом британской секретной службы, которая начала свою деятельность в 1924 году, когда американская компания

Marconi была стопроцентным дочерним предприятием британской компании Marconi. Тогда, как и сейчас, RCA управлялась британцами в силу контроля Morgan Guarantee над материнской группой, Westinghouse и General Electric Company. United Fruit Company - теперь United Brands - председатель совета директоров которой, Макс Фишер, пожертвовал огромные суммы денег Республиканской партии в 1972 году, владела франшизой на все коммуникационное оборудование, продаваемое в Латинской Америке и странах Карибского бассейна группой RCA-Westinghouse-G.E. RCA имела связи с Германией еще до Второй мировой войны, благодаря дружбе председателя правления RCA Дэвида Сарнхоффа с Хьялмаром Шахтом, финансовым гением Гитлера. Именно дружеские отношения такого уровня не позволили "судье" Джексону добиться обвинительного приговора против Шахта на незаконном Нюрнбергском "процессе". Судья Джексон был вовсе не судьей, а адвокатом, который принял отчаянный призыв правительства США занять вакантное место на Нюрнбергском процессе. Обычные американские судьи не признали законность Нюрнбергского процесса и уклонились от предложений Министерства юстиции представлять правительство США.

Позвольте мне поспешить добавить, что незаконные "рекреационные" наркотики были полностью искоренены в Германии, когда Гитлер был у власти. RCA через Сарнхоффа (давнего агента британских спецслужб) лично занималась сбором средств на различные эксперименты и проекты, связанные с наркотиками, проводимые Стэнфордским исследовательским институтом - тем самым учреждением, которое курировало печально известную экспериментальную программу MK Ultra LSD.

А как насчет настоящего? По состоянию на середину 2009 года общая картина очень мрачная. DEA и международные органы по борьбе с наркотиками не смогли сделать даже маленькой вмятины в хорошо защищенной инфраструктуре наркоторговли. Несмотря на активизацию усилий DEA, поток наркотиков в Америку продолжает расти и в настоящее время официально вышел из-под контроля. Это не означает, что Америка не может остановить торговлю. Это говорит о том, что Америка ведет войну с наркотиками, имея обе связанные руки. Усилия по борьбе с наркоугрозой выглядят как комическая театральная постановка и будут не более успешными, чем предыдущие безуспешные попытки, пока мы не доберемся до людей, стоящих за наркосценой.

Следующие меры, которые еще не были приняты, должны быть приняты без дальнейшего промедления:

➢ Перекрыть кран "иностранной помощи" странам, которые производят сырье для торговли.

➢ США также должны заключить специальный договор об экстрадиции со странами-производителями наркотиков, который позволит агентам DEA работать в странах-производителях с правом экстрадиции крупных производителей наркотиков в США.

Если мы смогли сформулировать Нюрнбергский устав о "преступлениях против человечества", то мы также должны быть в состоянии сформулировать международное соглашение, которое предоставит агентам США широкую свободу действий, потому что разве торговля наркотиками не является преступлением против человечества?

➢ США должны назначить специальных прокуроров (как это было сделано в Тавистокском уотергейтском заговоре) для координации всех уголовных преследований, связанных с наркотиками.

В той мере, в какой Соединенные Штаты смогли создать международный трибунал в Нюрнберге, мы, несомненно, можем сделать то же самое сегодня, потому что наркотики и наркоторговля - это война против цивилизованного мира - и, безусловно, преступление против прав человека.

➢ США должны принять участие в программе,

поощряющей страны, производящие сырье для торговли, продавать весь свой "урожай" названным и контролируемым американцам в соответствии с письменным соглашением о том, что больше "урожай" производиться не будет.

➢ Американские агенты должны иметь соглашение о том, чтобы сделать почву целых районов выращивания (таких как Гильменд в Афганистане, родина опиумного мака) непригодной для посадки мака.

Это можно сделать, и это гораздо дешевле, чем огромные затраты на охрану нашего побережья и оплату медицинских счетов жертв наркоторговли.

➢ Одна из мер, которую легко могут принять США, - это принятие законов, вводящих смертную казнь для всех, кто пойман за торговлю, продажу или пропаганду наркотиков.

➢ Наркоманов, пойманных за курением или употреблением наркотиков, следует судить в специальном суде и, в случае обвинительного приговора, отправлять в исправительный лагерь посреди пустыни Мохаве с минимальным человеческим комфортом.

Будет объявлен период амнистии, в течение которого все наркодилеры должны будут передать свои запасы наркотиков специально отобранным государственным учреждениям или комитетам граждан для немедленного сжигания. После этого любой человек, пойманный на продаже наркотиков или на хранении наркотиков для продажи, будет казнен.

➢ Все заведения с высоким уровнем потребления наркотиков, такие как дискотеки и ночные клубы, должны быть принудительно закрыты, а их владельцы должны быть оштрафованы на крупную сумму и приговорены к тюремному заключению, если в судах специальных прокуроров будет доказано, что в помещении употреблялись наркотики. Рок-концерты" должны быть запрещены, а организаторы таких "концертов" должны быть приговорены к крупным штрафам и тюремным срокам.

➢ Любой человек, перевозящий наркотики в США или через границу штата, должен быть судим специальными прокурорами в судах, созданных для этой цели. В случае осуждения торговцы людьми должны быть приговорены к смертной казни, и приговор должен быть приведен в исполнение без неоправданных задержек.

➢ Министерство сельского хозяйства США должно заключить договоры со всеми странами-производителями лекарственных растений, которые позволят группам американских агентов "обыскивать и уничтожать" все места, где обнаружены лекарственные растения.

Применение нового гербицида "sun-killer", состоящего из аминокислоты, присутствующей во всех растениях, позволяет достичь этой цели эффективным и недорогим способом. Соединение безвредно для животного мира и подавляет нежелательный рост, накапливая аминокислоту в лекарственном растении, разрушая растительную ткань и обезвоживая ее в течение трех часов.

Этот новый гербицид способен уничтожить все кусты коки, мака и поля марихуаны на корню, не нанося вреда обычным культурам и не отравляя почву. По словам доктора Уильяма Робертсона из Национального научного фонда, гербицид распыляется как раз с наступлением вечера. Как только солнце встает на следующее утро, запускается цепная реакция, и наркотические растения начинают "истекать кровью", теряя все свои внутренние жидкости. В течение нескольких часов опрысканные растения сморщиваются и погибают. Гербицид прост в применении, недорог и экологически безопасен. Он не реагирует на пищевые культуры, такие как пшеница, ячмень, овес, соя и т.д.

При внутренней поддержке и международных соглашениях Соединенные Штаты могли бы уничтожить наркотики с лица земли в течение трех лет и с удивительно низкими затратами. Программа может стать действующей благодаря договорам и конкордатам. Любая страна, отказавшаяся присоединиться к программе, которая будет включать пункт, требующий размещения на ее территории агентов США, лишится всего финансирования американской внешней помощи.

Против тех стран, которые откажутся подписать соглашение, должен быть введен всемирный торговый бойкот (подобный тому, который был введен против Германии в 1933 году), и на них должно быть оказано международное давление через все агентства ООН, подобное тому, которое было безжалостно применено против Южной Африки и Ирака. Новый продукт, ALA, уже доступен, и США должны приступить к чрезвычайной программе по его производству в достаточном количестве для использования во всем мире.

Мы должны мобилизоваться для войны! Реализация этой программы во всей ее полноте потребует концентрированных усилий, но не больших, чем те, которые потребовались в 1939-45 годах. Если мы смогли приложить могучие усилия во Второй мировой войне, то мы обязаны приложить такие же усилия и сейчас. Безопасность Америки никогда не подвергалась прямой угрозе со стороны Германии в 1939 году. Германия не ссорилась с Соединенными Штатами, но наркоторговцы, "благородные семьи", являются прямой и очень реальной опасной угрозой нашей безопасности и будущему благополучию как великой нации. Соединенные Штаты должны объявить войну этим странам, а их производственные базы, транспортные и распределительные системы должны быть уничтожены. Мы должны мобилизовать наши огромные ресурсы человеческого и технического потенциала для встречи и уничтожения наркобаронов.

В течение последних 34 лет американский народ беспомощно наблюдал за тем, как ход войны оборачивается против него. До сих пор американский народ не осознавал, что мы находимся в состоянии войны, потому что враг не мог быть идентифицирован так же легко, как наши пропагандистские фабрики идентифицировали Германию в 1939 году. Эти же пропагандистские "авторитеты" очень неохотно обращаются к проблеме наркотиков, что совсем не удивительно, если учесть, что "авторитеты" являются частью одной и той же сети. Совершенно необходимо заставить американцев понять, что непристойные прибыли от наркотиков, которые ежегодно губят миллионы жизней, также финансируют международный терроризм.

Последние статистические данные DEA свидетельствуют о тревожном росте числа потребителей героина, кокаина и марихуаны в Америке. Что касается террористического аспекта, то достаточно вспомнить деятельность секты "Сияющий путь" в Перу, чтобы увидеть, как деньги от наркотиков финансировали убийства.

Эта группа была одной из самых жестоких и злобных террористических банд в мире, бандой головорезов, намеревавшихся захватить Перу, чтобы овладеть прибыльной торговлей кокаином, пока президент Перу Фухимори не стал лично участвовать в этом. Но этот поступок будет стоить ему президентства и заставит его бежать в Японию, опасаясь за свою жизнь.

Кокаин - это растущая угроза, от которой страдают 20 миллионов американцев. Ставший популярным среди джет-сета и голливудских знаменитостей, он ежедневно привлекает около 5 000 новых пользователей! Фрэнк Монастеро из DEA недавно заявил, что связи между терроризмом и наркоторговлей очень сильны, "но я не думаю, что некоторые сегменты администрации видят это именно так". Хотя Монастеро не уточнил, какой именно "сегмент" он имел в виду, из разговоров с некоторыми американскими чиновниками я знаю, что он говорил о Госдепартаменте США.

Государственный департамент последовательно высказывался против увязывания методов борьбы с наркотиками с приостановкой "иностранной помощи" и не согласился внедрять методы, описанные мной в этой книге. Хорошо известно, что сотрудники Государственного департамента считают назначение на должность в области иностранного контроля над наркотиками наименее желательным назначением на дипломатической службе.

Королевский институт международных отношений (RIIA) и Совет по международным отношениям (CFR), контролирующие корпорацию Rand (организация, благодаря которой Дэниел Эллсберг получил дурную славу "Бумаг Пентагона"), усугубили ситуацию, написав незатребованный документ, в котором утверждается, что усилия по борьбе с употреблением наркотиков в образовании "противоречивы, неоднозначны и не имеют никакого эффекта". Это вопиющая неправда, но чего еще можно ожидать от учреждения, управляемого Тавистокским институтом человеческих отношений,[1] , чьими хозяевами являются те самые люди, которые получают прибыль от гнусной торговли наркотиками? Отчет Рэнд был похож на стрельбу по нашим собственным войскам, потому что если бы он стрелял в толпу наркоманов, то стрелял бы в своих друзей, а не во врагов! Чистым результатом отчета Рэнда стало препятствование программам антинаркотического образования. Однако Рэнд получает значительное финансирование от правительства США - пример противоречий в наших усилиях по минимизации наркоторговли.

---

[1] См. *Тавистокский институт человеческих отношений*, Omnia Veritas Ltd, www.omnia-veritas.com.

По оценкам Главного бухгалтерского управления (GAO), только десять процентов наркотиков, контрабандно ввозимых в Америку, перехватываются правоохранительными органами. Это должно стать тревожным сигналом! Как получилось, что высокоразвитая индустриальная страна с таким большим количеством рабочей силы, денег и технических ресурсов способна перехватить лишь небольшой процент наркотиков? Мы должны искать "скрытую руку", силу, которая контролирует наркоторговлю из-за кулис, таинственную "Силу X". Чтобы правильно ответить на вопрос, я буду рассматривать этот аспект по ходу дела.

В недавно увиденном мною документе указывается, что производство опийного мака в Китае с 2000 года увеличилось на 50%. Другие статистические данные в документе гласят, что производство марихуаны и листьев коки увеличилось на 30 и 40 процентов, а производство опиума из мака в Афганистане выросло с 4 000 фунтов до 6 000 фунтов в год с момента вторжения в эту страну войск США и НАТО в 2003 году. Как это было достигнуто? Через тотальную войну против Америки под руководством RIIA, Уилтон-Парка, Тавистокского института, CFR и правящей олигархии черных дворянских семей Европы. Их главным инструментом в этой войне были - и остаются - "рок-группы" и "рок-концерты" и непрекращающаяся пропаганда декадентской какофонии разрушающей разум атональной музыки, которая выдается за "музыку". Это средство, впервые использованное в 1950 году, является главным оружием в арсенале врага в его войне против Америки и будет использоваться для распространения наркотика до тех пор, пока кто-то не положит ему конец раз и навсегда!

Возвращаясь к торговле героином, следует отметить, что основные районы выращивания мака находятся в "Золотом треугольнике" Юго-Восточной Азии и "Золотом полумесяце" в Иране, Афганистане и Пакистане соответственно.

Стоит напомнить, что британские "дворянские" семьи сделали свое состояние на доставке опиума с полей Афганистана и Пакистана потребителям в Китае, где за столетие они установили необходимые контакты, которые позволяют им продолжать эту торговлю безопасно и прибыльно и сегодня.

Что касается Ближнего Востока, то большая часть опия-сырца идет транзитом через Ливан, Сирию и Турцию. После промежуточной обработки он транспортируется в Европу через Франкфурт. Франкфуртская мафия" занимается распространением опиума, а пресловутый Мейер Лански (видный член преступного синдиката, ныне покойный) был главным в этой операции. После смерти Лански этот пост был передан израильскому генералу Ариэлю Шарону, который занимал его до самой смерти. Шарон поддерживал тесные связи со странами-"производителями", такими как Боливия и Перу - основными производителями листа коки, из которого изготавливают кокаин. Ливан был захвачен, чтобы быть разделенным на вотчины, и, как я рассказывал в одном из своих докладов, Рифаад Асад, брат президента Сирии Хафеза Асада, был сначала помещен под домашний арест, а затем изгнан из Сирии из-за "частных" сделок, которые он заключал с Шароном. Высылка Рифаада Асада из Сирии стала государственным делом, но истинная причина его высылки - преступления, связанные с наркотиками, - так и не была обнародована.

Секретные отчеты Сената свидетельствуют о том, что Госдепартамент США не выполнил указание президента Рейгана о том, что страны-производители наркотиков должны быть приструнены. Это не должно удивлять, учитывая историю и контроль, осуществляемый Chatham House через британского агента Джорджа Шульца, бывшего государственного секретаря, назначенного президентом Г.Х.У. Бушем, бывшего титулованного главы восточного либерального истеблишмента, имеющего тесные связи с наркоторговлей.

Страны-производители наркотиков считают, что проблема наркотиков является американской и что пока существует американский спрос на наркотики, страны-производители просто удовлетворяют этот спрос. Эта точка зрения полностью игнорирует тот факт, что в Китае изначально не было спроса на опиум, пока он не был "создан" теми же беспринципными "благородными" семьями, которые затем удовлетворили "потребность" и поставляли опиум. Некоторые сенаторы считают, что способ остановить эту торговлю - "легализовать" наркотики, начиная с марихуаны и кокаина. Конечно, они быстро добавляют, что это должны быть небольшие количества только для частного использования.

Это все равно, что бороться с пожаром, заливая его бензином! Эти же люди создали частные армии в Перу, Боливии и Колумбии для защиты своих огромных инвестиций в наркоторговлю в этих странах. Это подтвердила сенатор Пола Хокинс из Флориды, а также частные источники информации, которые, естественно, не могут быть названы. В Боливии, Колумбии и Перу эти хорошо вооруженные частные армии вели бои с правительственными войсками и часто побеждали их!

В результате бандиты теперь полностью контролируют зоны "выращивания", и правительственные агенты должны получать разрешение на въезд в эти зоны! Естественно, разрешение никогда не дается, и правительственные агенты, которые входят в "зону отчуждения", делают это с риском быть убитыми, как многие и делают. Сенатор Хокинс решительно высказалась за прекращение "иностранной помощи" странам-нарушителям и объявила о своем намерении сделать это. Сенатор Хокинс была председателем сенатского комитета по злоупотреблению алкоголем и наркотиками, но вскоре потеряла свой пост, когда стала слишком настойчивой. Хокинс столкнулся с очень сильной оппозицией со стороны Государственного департамента, который считает, что "иностранная помощь" находится строго в его юрисдикции и не подлежит вмешательству. С

1946 года, когда Дэвид Рокфеллер учредил этот коварный дар денег американских налогоплательщиков, а CFR записал его в закон, Госдепартамент занял выжидательную позицию по отношению к афере с иностранной помощью. Бывший исполняющий обязанности помощника государственного секретаря по наркотикам Клайд Д. Тейлор изложил позицию Госдепартамента следующим образом:

> Мы должны держать проблему наркотиков в перспективе - у нас есть другие дипломатические интересы в этих странах, и если мы отдалим их из-за наркотиков, мы можем пожалеть об этом, когда они понадобятся нам через несколько лет для чего-то другого. Идея отмены иностранной помощи не так проста, как кажется. У нас не так много влияния, как вам кажется.

Какое признание!

Тем не менее, несмотря на противодействие со стороны контролируемого британцами Госдепартамента, за последние пять лет был достигнут определенный прогресс, по крайней мере, на бумаге. Соглашения о контроле над наркотиками были заключены с Пакистаном, Боливией, Перу, Мексикой и Колумбией, но на очень узких условиях.

Для Пакистана, крупнейшего в мире маршрута торговли опиумом-сырцом, сомнительно, что соглашение окажет какое-либо влияние на поток опиума в Америку, поскольку военные лидеры и другие правоохранительные органы выступают против какого-либо реального контроля. Али Бхутто, бывший президент Пакистана, был единственным, кто активно противостоял наркоторговле под защитой военных, и был убит своим преемником, генералом Зия-уль-Хаком. Бхутто была полностью привержена делу искоренения наркоторговли в Пакистане, и ее твердая позиция в отношении наркотиков, вероятно, стала причиной ее смерти. Поэтому не стоит ожидать, что торговля опиумом в Пакистане замедлится. Она продолжается, несмотря на то, что генеральный прокурор США Уильям Френч Смит посетил Пакистан и лично призвал правительство остановить ее при существенной помощи США. В ответ президент Уль Хак предупредил Уильяма Френча Смита, чтобы тот покинул Пакистан, поскольку он не мог гарантировать его личную безопасность. С тех пор ни один генеральный прокурор США не посещал Пакистан.

На другом конце света крупнейшим производителем кокаина является Колумбия, хотя с недавним обнаружением новых плантаций коки в Бразилии она, похоже, может уступить свои позиции Бразилии.

Кокаин классифицируется как "не вызывающий привыкания", и несколько известных врачей из числа платных наркоторговцев заявили, что он не оказывает длительного вредного воздействия. Но все изменилось, когда один смелый врач сообщил газете *"Нью-Йорк Таймс"*, что тесты на кокаин показывают, что в долгосрочной перспективе пользователи получают серьезные повреждения мозга. Согласно статистике DEA, которую я видел, 75% кокаина и 59% марихуаны, ввозимых в Америку, поступают из Колумбии.

Боливия производит 10%, также как и Перу, а Мексика производит 9% марихуаны. На марихуану, выращенную в местных условиях, приходится 11% рынка, а 9% поступает с Ямайки.

Производство" кокаина - относительно простой процесс. Растение, с которого берется лист, растет в диком виде, но в настоящее время его выращивают и на плантациях. Листья срываются с куста дешевым трудом местных крестьян, укладываются на брезент и утрамбовываются, после чего частично измельченные листья заливаются парафином и карбонатом кальция, в результате чего получается белая паста. Затем добавляется серная кислота, смесь фильтруется, после чего добавляется смертельный химикат, ацетон, и смесь оставляется сушиться. Некоторые люди добавляют в смесь белое вино, которое через некоторое время превращается в чистый белый кристаллический порошок - кокаин. Для производства одного фунта кокаина требуется около 300 фунтов листьев коки. Стоимость рабочей силы и сырья настолько дешева, что на стадии первичного производителя прибыль достигает 5000%.

До недавнего времени наркоторговля в Колумбии была полностью защищена военными, судебной системой и банками, но этому пришел конец, когда в 1991 году к власти пришел президент Бетанкур. Военные офицеры-диссиденты, получавшие большие доходы от своей доли в торговле кокаином и не готовые поддержать антинаркотическую программу Бетанкура, были лишены званий и должностей. Но после ухода Бетанкура все вернулось на круги своя. Большая часть денег от этой торговли находится в банках Флориды и Швейцарии. Швейцарская пресса даже открыто критикует президента Бетанкур, утверждая, что его антикокаиновая политика нанесет серьезный удар по колумбийской экономике и дорого обойдется стране в иностранной валюте. Конечно, это большая ложь, поскольку большая часть "валюты" никогда не возвращается в Колумбию, а оказывается в казне швейцарских банков. Неудивительно, что швейцарские банкиры не оценили антикокаиновую позицию Бетанкура!

Элементы гностической церкви решительно выступили против Бетанкура. В Колумбии партизаны МИ-9 (известные под испанской аббревиатурой FARC) отрицают, что большая часть их доходов поступает из источников, связанных с наркотиками. Бетанкур заставил лидера, доктора Карлоса Толедо Плату, подписать соглашение с колумбийским правительством, что привело к перемирию в боевых действиях, но вскоре Плата был убит наркоторговцами.

Вскоре после этого убийства двое бандитов на мотоцикле застрелили министра юстиции Колумбии Родриго Лару Бонилью днем 30 апреля 1984 года. Эти два человека бежали в столицу наркотиков, Санта-Марту, где их защищают частные войска революционной армии FARC. Оба убийства были положительно восприняты наркоторговцами, которым есть что терять, если Колумбии удастся искоренить наркоторговлю. Бывший президент Лопес Микельсон до своего отстранения от власти был сильно замешан в торговле кокаином. Он бежал из страны после неудачного плана похищения члена парламента по борьбе с наркотиками и скрывался в Париже. Его двоюродный брат Джейми Михельсон Урбан хранит крупную сумму денег в Майами.

Михельсон попал в большие неприятности за то, что предложил колумбийскому правительству заключить сделку с наркоторговцами.

Наркобанкир Урбан, некогда президент Банка Колумбии, бежал в Майами в тот же день, когда два его директора были арестованы Бетанкуром по указу № 2920. Приказ армии начать распылять паракват (химическое вещество, которое уничтожает растения и кустарники) на всех полях, где растут наркотические растения, стал ударом по наркобаронам и тем, кто больше всего наживался на кокаиновых деньгах, - олигархам из черной знати Европы.

Демонстрируя свое намерение подавить наркоторговлю, Бетанкур сделала больше, чем просто говорила, и столкнулась с серьезной угрозой покушения. Никто не должен верить, что европейские наркобароны и "дворяне" легкомысленно относятся к нападениям на их торговлю.

Я хорошо помню, что когда американские чиновники обратились к своим британским коллегам на совершенно секретном совещании в Кембридже, Англия, в 1985 году с просьбой о помощи в борьбе с наркоторговлей на Багамах, им было отказано в какой-либо помощи или информации. Это не удивит никого, кто знаком с Багамскими островами, где все правительство вовлечено в торговлю наркотиками, управляемую определенными масонскими ложами в Англии, и где доходы отмываются через Королевский банк Канады (помните, что Канада является лишь форпостом британской королевской семьи, а не страной в том же смысле, что и Америка).

Некоторые из крупных американских банков в таких странах, как Панама, способствуют движению денег - в настоящее время оцениваемых в 550 миллионов долларов в год - служа удобными каналами для высокопоставленных лиц в Великобритании, Канаде и США. Генерал Мануэль Норьега, как известно, попал в беду, когда сорвал крышку с одного из рокфеллеровских банков в Панаме, занимавшихся отмыванием денег от наркотиков, ошибочно полагая, что выполняет пожелания Управления по борьбе с наркотиками США. Банки - не единственные, кто защищает и укрывает эту прибыльную торговлю. Международный валютный фонд (МВФ) играет все более важную роль в этой торговле. Существует множество доказательств того, что МВФ защищает наркоторговлю с 1960 года, но особенно в отношении ведущих британских учреждений и "благородных" семей, которые ими управляют.

В Англии совершенно законно употреблять наркотики, но не торговать ими. Это соответствует политике МВФ, который в случае с Колумбией считает, что страна имеет право зарабатывать иностранную валюту, экспортируя наркотики туда, где на них есть спрос. Эта позиция основана на том, что доходы, получаемые от наркотиков, помогают выплачивать кредиты МВФ, что абсолютно неверно. Департамент центральных банков МВФ работает исключительно с оффшорными банками, которые получают крупные денежные вклады от наркоторговли.

После жестокого и вопиющего убийства министра юстиции Колумбии Родриго Лара Бонилья "связи" МВФ и Римского клуба запаниковали и начали дистанцироваться от "войск М19", а Бетанкур в гневе мобилизовала все имеющиеся резервы, назвав убийство "пятном на имени Колумбии". Обращаясь непосредственно к общественности, Бетанкур призвала всех граждан помочь ей в борьбе с торговцами людьми, заявив, что "национальное достоинство находится в заложниках у этих торговцев".

Католическая церковь была приглашена присоединиться к

борьбе и согласилась поддержать президента, и только орден иезуитов остался в стороне. Президенту Рейгану было бы неплохо подражать тактике Бетанкура, и я верю, что он получил бы беспрецедентную поддержку населения. Но, к сожалению, Рейган этого не сделал. Приятно отметить, что хотя иезуиты и гностики объединились с партизанами М19, чтобы сорвать деятельность организации.

Несмотря на усилия Бетанкура по борьбе с наркотиками, они добились незначительного прогресса, несмотря на мощную "скрытую руку", которая поддерживала их совместную подрывную тактику. Бетанкур предоставил DEA право въезжать в Колумбию и распылять паракват на наркотические растения. Он также удовлетворил несколько запросов об экстрадиции известных колумбийских наркоторговцев, которых США давно пытаются поймать. Но до сих пор США не ответили взаимностью и не вернули Michelson Urbane в Колумбию.

Во время своего визита в Колумбию сенатор Хокинс высоко оценила решительные усилия колумбийского президента по искоренению наркоторговцев. Но мои источники говорят мне, что, несмотря на значительное замедление потока кокаина в Америку, о чем свидетельствует резкое повышение его цены, это не означает, что наркобароны не сопротивляются. Есть свидетельства того, что они расширили свою деятельность в Аргентине и Бразилии, чтобы получить новые места для посадки коки.

Некоторые колумбийские чиновники, не вполне симпатизирующие президенту Бетанкур, утверждают, что они не могут проникнуть в отдаленные джунгли, где действуют торговцы людьми. Вопрос в том, что если наркоторговцы могут попасть внутрь, то почему то же самое не могут сделать правительственные силы по борьбе с наркотиками? Необходимо срочно заняться этими плантациями, так как есть доказательства того, что в этих "непроходимых" отдаленных районах растут экспериментальные поля опийного мака (из которого получают героин), по словам Джона Т. Кассак, член специального комитета Палаты представителей по злоупотреблению наркотиками и контролю над ними.

"Los grandes mafioses" прошли долгий путь с 1970 года, когда они действительно начали продвигать продажу кокаина в США. В 2006 году они начали использовать флотилию лодок, самолетов, вертолетов и хорошо вооруженную частную армию. Они тщательно выполняют роль общественных благотворителей, финансируя многие общественные проекты. Общественное мнение считает их "умными операторами", использующими в своих интересах чисто американскую проблему - ненасытный американский спрос на кокаин и марихуану. Один из владык, Пабло Эскобар Гавира, влил огромные суммы денег в благоустройство трущоб. Эта программа осуществляется под руководством иезуитов, которые всегда благоволили чрезвычайно богатому Гавире.

Однажды Гавира потратил 50 000 долларов на свадьбу своей дочери и добился избрания себя членом парламента, получив тем самым парламентский иммунитет от ареста. В течение многих лет он разыскивался властями DEA США. Но после того, как в министра юстиции Лару 22 раза выстрелили из автомата "Узи", колумбийский народ охватило великое отвращение. Они выступили против "великих мафиози", и все начало происходить. Даже иезуиты дистанцировались от Гавиры. После того, как юрисдикция по делам о наркотиках перешла к военным, многие судьи, которые раньше посещали пышные вечеринки, устраиваемые наркоторговцами, лишились своей прежней власти. Епископ Дарио Кастрильон также пытался отрицать свои связи с наркоторговцами, утверждая, что деньги, которые он получал от них, использовались для строительства церквей. Коррупция судей больше недопустима, а в военные трибуналы, созданные для рассмотрения дел о наркотиках, коррупционеры попасть не могут.

Даже влиятельная семья Очоа укрылась, но даже их человек, президент Лопес Микельсон, оказался в беде. Очоа позвонил ему в Панаму, где он консультировался с другими крупными наркоторговцами, чтобы предупредить его о массовых арестах, происходящих в его стране. Кроме того, Гавира и три брата Очоа, которые представляли около 100 крупных наркоторговцев, обращались к Михельсону за помощью, но он не ответил. Однако на этом бандиты не закончили. Неожиданным событием стала встреча Очоа с генеральным прокурором Колумбии Карлосом Хименесом Гомесом в Панаме. По какой-то причине Гомес не сообщил властям США об этой встрече. Если бы он это сделал, агенты УБН США могли бы произвести многочисленные аресты в Панаме! Посол США Александр Уотсон был проинформирован о встрече Гомеса только через два месяца после этого события. В связи с этим возникает другой вопрос. Поскольку известно, что агенты США по борьбе с наркотиками внимательно следят за всеми крупными колумбийскими наркоторговцами, как возможно, что эти агенты не знали о встрече в Панаме? Скрытая рука, влиятельные семьи Америки и Европы, швейцарские банкиры, МВФ и Римский клуб, масоны P2 и, возможно, CFR, похоже, вмешались на этом этапе.

Очоа представили генеральному прокурору 72-страничный меморандум, в котором предлагали ликвидировать всю кокаиновую операцию в Колумбии в обмен на разрешение вернуться в Колумбию, не опасаясь ареста. Меморандум был передан властям США, которые ответили, что не заключают сделок с преступниками. Что касается генерального прокурора Гомеса, его неубедительное оправдание встречи с наркобаронами без предварительного уведомления своего правительства заключалось в том, что он был в Панаме по другим делам (которые он не уточнил) и случайно встретился с Очоа. Гомес не объяснил, почему он сразу же не позвонил президенту Бетанкуру, чтобы сообщить ему о происходящем. Правда заключается в том, что Гомес действовал по приказу "скрытой руки" колумбийского наркокартеля. В Колумбии генеральный прокурор назначается Конгрессом и не обязан отчитываться перед президентом. Однако многие члены Конгресса были глубоко возмущены странными действиями Гомеса и потребовали его отставки, на что он ответил отказом.

Эскобар Гавира начал действовать из Никарагуа под защитой священников-иезуитов из сандинистского правительства. Тайно сделанные фотографии, на которых Гавира и его люди грузят кокаин на самолет в этой стране, показались мне вполне достоверными, но они не были датированы. Было ли это признаком того, что тогдашнее правительство Никарагуа, в котором доминировали иезуиты, присоединилось к войне наркотиков против Америки? Однако большинство конгрессменов и членов Сената по-прежнему отказывались предоставить президенту Рейгану полномочия, необходимые для свержения сандинистского правительства.

➤ Вопрос в том, почему "наши" представители выступают против любых усилий по избавлению от иезуитско-коммунистического правительства в Никарагуа.

➤ Более того, почему многие из них голосовали за "иностранную помощь" и "кредиты" для Никарагуа?

➤ Почему сенаторы Кончини и Ричард Лугар проголосовали за предоставление коммунистическим сандинистам наших налоговых денег?

➤ Зачем поддерживать таких людей, как Мануэль де Эското, который имеет репутацию человека, не только помогающего наркоторговцам ввозить опасные грузы в Америку, но и разъезжающего по всему миру, нападая на Америку при любой возможности?

Пока не будет разоблачена власть "скрытой руки", Римского

клуба - КФР - трехстороннего восточного истеблишмента и их высокопоставленных союзников, Америка не сможет и не выиграет эту страшную войну. Все наши усилия окажутся напрасными. Пока правительство США не потребует от Панамы прекратить огромный импорт того, что я называю наркохимикатами, торговля кокаином в Колумбии не будет искоренена.

Что делает Панама с огромными количествами парафина, эфира и ацетона? Эти химикаты, как известно, запрещено импортировать непосредственно в Колумбию. Поэтому очевидно, что панамский импорт перегружается в Колумбию косвенно и нелегально.

С тех пор как в 2003 году был написан этот сценарий, Колумбия была вынуждена все больше и больше превращаться в тотально наркотическое государство. Партизаны стали гораздо лучше организованы благодаря трем факторам:

> Захват Панамы, в результате которого на 65% увеличилось количество наркотиков, поступающих в зону Панамского канала.

> Легкое отмывание денег банками в Панаме.

> Усиление поддержки партизан МИ-9 со стороны Кастро.

В результате оружие лучшего качества стало поступать в МИ-9 в большем количестве, а поставки наличных увеличиваются, что способствует расширению наркоторговли в Колумбии. Пабло Эскобар был "арестован" в ходе громкого рейда на его роскошный дом и комплекс, но последние разведывательные данные утверждают, что после короткого пребывания в американской тюрьме он был вывезен из США.

Когда я изучал свои сотни стенографических тетрадей по этой жизненно важной теме, я наткнулся на некоторые интересные статистические данные, которые я отметил во время своего расследования в Лондоне. Дело в том, что в 1930 году британский капитал, вложенный в Южную Америку, намного превысил общие инвестиции в так называемые "доминионы". 30 ноября некий мистер Грэм, авторитет в этой области, заявил, что британские инвестиции в Южную Америку "превысили триллион фунтов стерлингов". Это было в 1930 году, и по тем временам это была ошеломляющая сумма. По какой причине англичане так много инвестировали в Южную Америку? Ответ заключается в одном слове: наркотики.

Плутократия, контролировавшая британские банки, держала в руках кошельки и, как тогда, так и сейчас, создавала респектабельный вид. Никто никогда не ловил их за грязные руки; у них всегда были соломенные люди и добровольные лакеи, готовые взять вину на себя. Как тогда, так и сейчас, связи всегда самые непрочные. Никто и никогда не мог назвать респектабельные "благородные" банковские семьи Британии, ни тогда, ни сейчас. Но большое значение имеет тот факт, что 15 членов парламента были контролерами этой огромной империи в Южной Америке, включая семью Чемберленов и семью сэра Чарльза Барри.

Повелители британских финансов и респектабельности, которые до сих пор хвастаются угнетением в Южной Африке, где для чернокожих лучшие условия во всей Африке, были также очень заняты в таких местах, как Тринидад и Ямайка, где они также держали бразды правления торговлей наркотиками. В этих странах плутократы из респектабельных семей британской аристократии держали негров на уровне, не намного лучшем, чем рабство, выплачивая себе при этом солидные дивиденды. Конечно, они прикрывались респектабельными предприятиями, такими как Trinidad Leaseholds Ltd. (нефтяная компания), но настоящим гусем, несущим золотые яйца, был и остается наркобизнес.

До недавнего времени торговля опиумом в Китае не была широко известной темой. Он был настолько хорошо спрятан, насколько это вообще возможно. Многие из моих студентов приходили ко мне и спрашивали, почему китайцы так любят опиум. Они были озадачены противоречивыми рассказами о том, что на самом деле произошло в Китае. Некоторые считали, что это просто случай, когда китайские рабочие покупали опиум на месте и курили его в опиумном притоне. Я сделал все возможное, чтобы просветить эти любопытные умы.

Правда заключается в том, что торговля опиумом в Китае была британской монополией, подчинявшейся официальной политике Великобритании. Индо-британская торговля опиумом в Китае - одна из самых сокровенных тайн и самых бесславных глав в истории европейского колониализма. Статистика показывает, что почти 13% дохода Индии во времена британского правления поступало от продажи опиума китайским наркоманам. Наркоманы не появились из ниоткуда; они были созданы. Другими словами, рынок для опиума сначала был создан среди китайцев, а затем "спрос" был удовлетворен британской олигархией, владельцами различных банков в Лондоне.

Эта прибыльная торговля является одним из худших примеров эксплуатации человеческих страданий и уникальным свидетельством грязного бизнеса, который ведет лондонский Сити, остающийся и по сей день центром "грязного бизнеса" в финансовом мире. Конечно, вы сомневаетесь в этом утверждении: "Посмотрите на *Financial Times*, - скажете вы, - она полна легального бизнеса". Конечно, это так, но вы же не думаете, что благородные аристократы будут афишировать истинный источник своих доходов в *Financial Times*?

Британцы не афишировали тот факт, что опиум поставлялся из долин Бенареса и Ганга в Индии в Китай, где он частично перерабатывался в рамках государственной монополии - администрации, существовавшей исключительно для надзора за торговлей опиумом. Вы ведь не ожидали прочитать это в *лондонской "Таймс"* в то время?

Однако эта торговля велась с 1652 года прославленной Ост-Индской компанией, в правление которой входили самые важные представители британской аристократии. Они принадлежали к виду, превосходящему обычное человеческое стадо. Они были настолько высоки и могущественны, что верили, что даже Бог приходил к ним за советом, когда у него возникали проблемы на небесах! Позже британская корона объединилась с этой негодяйской Ост-Индской компанией и использовала ее для производства опиума в Бенгалии и других местах Индии и для контроля экспорта с помощью так называемых "транзитных пошлин", то есть налога, взимаемого со всех производителей опиума, должным образом зарегистрированных в государственных органах, которые отправляли свою продукцию в Китай. До 1885 года, когда опиум все еще был "нелегальным" (это было просто слово, используемое для получения большей дани с производителей опиума - никогда не предпринималось никаких попыток остановить торговлю), в Китай поставлялись совершенно колоссальные количества опиума. Британцы настолько осмелели, что через полмира пытались продать это смертоносное вещество в виде таблеток армиям Союза и Конфедерации. Можете ли вы представить, что случилось бы с Америкой, если бы этот план удался? Каждый солдат, переживший эту ужасную трагедию, покинул бы поле боя полностью зависимым от опиума.

Бенгальские купцы и банкиры были сыты и довольны огромными суммами денег, которые поступали в их казну от торговли бенгальским опиумом, купленным Британской Ост-Индской компанией (БОК). Таким образом, их прибыль была на одном уровне с прибылью компании "Хоффман Ла Рош", занимающей первое место по производству наркотиков, - той самой "Хоффман Ла Рош", которая, помимо всего прочего, производит ЛСД. Компания Hoffman La Roche ссылается на швейцарский закон о промышленном шпионаже против любого, кто осмелится разоблачить ее алчную жадность, поэтому при выражении своего мнения следует соблюдать осторожность.

В любом случае, компания Hoffman La Roche производит широко используемый препарат - валиум. Это обходится им примерно в 3,50 доллара за 2,5 фунта. Они продают его по 20 000 долларов за килограмм, а к тому времени, когда американская публика, употребляющая валиум в астрономических количествах, получает его в свои руки, цена составляет 50 000 долларов за килограмм! Hoffman La Roche делает то же самое с витамином С, на который у него такая же монополия. Его производство обходится им примерно в 1 цент за килограмм, а продают они его с прибылью около десяти тысяч процентов.

Когда хороший человек по фамилии Адамс, работавший на них, раскрыл эту информацию Европейской экономической комиссии (EEC Monopolies Commission), он был арестован и подвергся жестокому обращению со стороны швейцарской полиции, которая держала его в одиночной камере в течение трех месяцев. Затем его выгнали с работы и из Швейцарии, он потерял пенсию и все остальное. Будучи британским подданным, он продолжал бороться с Хоффманом Ла Рошем. Помните об этом, когда в следующий раз увидите этих вежливых и корректных швейцарских бизнесменов. Швейцария - это не только горные лыжи и чистый воздух под голубым небом. Банковский сектор страны давно подозревается в процветании наркоторговли, как легальной, так и нелегальной, и огромных прибылей, получаемых ведущими людьми наркобизнеса, этими адскими псами. "Чистый" образ Швейцарии начинает портиться, когда оттягивается уголок обложки. Когда она была премьер-министром, госпожа Тэтчер осмотрела британские таможенные посты в лондонском аэропорту Хитроу. Ее цель заключалась в том, чтобы придать таможенникам "бодрости" в борьбе с наркоугрозой. Какое лицемерие! Ведущая консервативная газета Великобритании высмеяла усилия миссис Тэтчер, но не назвала ее лицемеркой и не раскрыла правду о том, кто несет ответственность за угрозу.

"О, - скажете вы, - но американцы и британцы недавно сделали несколько заметных конфискаций наркотиков". Да, но это 0,0009% от общей стоимости лекарств, имеющихся на рынке. Это то, что крупные наркоторговцы и их респектабельные банкиры называют "частью стоимости ведения бизнеса". Каждый, кто присутствовал на похоронах молодого наркомана - а их каждый день проходит немало - не может не быть тронут высказываниями премьер-министра о проблемах наркотиков, с которыми сталкивается Великобритания. Вряд ли кого-то шокирует ее жесткость в отношении наркоторговцев. "Мы охотимся за вами", - сказала она. "Мы будем преследовать вас неустанно".

Миссис Тэтчер:

> "Усилия будут все больше и больше, пока мы не победим вас. Наказанием будет длительное тюремное заключение. Наказанием будет конфискация всего, что вы получили в результате контрабанды наркотиков. Многие британцы также отвергнут призывы из-за рубежа помочь британцам, пойманным на контрабанде наркотиков, как, например, молодой британец, приговоренный к смертной казни в Малайзии за попытку провезти героин через аэропорт Пенанг. Звонить нам бессмысленно. По всей Малайзии можно встретить плакаты, гласящие, что наказанием за торговлю наркотиками является смерть."

Это прекрасно, но тогда это должно быть с равной силой применено ко всем тем, кто находится на вершине английской аристократии. Когда молодого британца казнили в Малайзии за торговлю наркотиками, так же должна была поступить половина людей из "Debretts' Peerage" (список высшей прослойки английских титулованных семей). На кого, по мнению миссис Тэтчер, повлияет ее новая "жесткая" позиция? Неужели она думала, что великие гонконгские семьи, Кесвики и Мэтисоны, будут запуганы ее риторикой? Возможно, ее слова и отпугнули несколько мелких мальков, но большая гладкая рыба вырвалась из ее сети, а на место пойманных мелких мальков быстро пришли тысячи других, жаждущих занять их место.

Угроза наркотиков не будет устранена на уровне улиц. Насколько я понимаю, и по моему мнению, основанному на моих многолетних исследованиях по этому вопросу, наркоторговлей, по крайней мере в Великобритании, управляют те, кто находится на вершине британской иерархии, которые даже используют такие учреждения, как Почтенный Орден Святого Иоанна Иерусалимского.

Еще в 1931 году руководители крупных пяти английских компаний были вознаграждены назначением на должность пэров королевства. Кто выбирает награды, вручаемые высшим руководителям фармацевтической промышленности? В Англии это королева Елизавета Гельф, более известная как глава Виндзорского дома. Банки, участвующие в этом бизнесе, слишком многочисленны, чтобы их перечислять, но некоторые из основных - Midland Bank, National and Westminster Bank, Barclays Bank и, конечно же, Royal Bank of Canada.

Многие так называемые "инвестиционные банкиры" в лондонском Сити по уши замешаны в наркоторговле, например, маститые финансовые учреждения, такие как Hambros. Позвольте мне быть более конкретным и упомянуть такие известные имена, как семья сэра Энтони Идена.

Согласно секретным документам, которые я видел, и согласно моему лучшему анализу этих документов, семья Иден могла бы попасть в "список почетных гостей" миссис Тэтчер. Если бы можно было изучить архивы Офиса Индии в Лондоне, как мне посчастливилось сделать, я думаю, стало бы ясно, что другого вывода сделать нельзя. Я глубоко обязан хранителю бумаг покойного профессора Фредерика Уэллса Уильямсона за помощь и содействие, которые он оказал мне в изучении этих документов. Если бы эти документы были обнародованы, какая буря разразилась бы над головами коронованных гадюк в Европе! Поток героина грозит захлестнуть западный мир. Это обширное предприятие направляется и финансируется по обе стороны

Атлантики - определенными членами англо-американского либерального истеблишмента.

Что такое героин?

Это производное опиума, а опиум, согласно знаменитому Галену, является наркотиком, который усыпляет чувства и вызывает сон. Это также один из самых вызывающих привыкание препаратов на рынке. Семена мака, из которых делают опиумную пасту, были давно известны моголам Индии, которые использовали семена мака, смешанные с чайными листьями, и подавали этот напиток своим врагам, когда не следовало отрубать им головы.

Уже в 1613 году первый опиум прибыл в Англию из Бенгалии через Ост-Индскую компанию, но этот импорт был лишь в небольших количествах. Заставить английскую буржуазию употреблять наркотик было невозможно, поэтому британская Ост-Индская компания импортировала его в первую очередь. Потерпев неудачу, олигархия начала искать рынок, который не был бы таким негибким, и их выбор пал на Китай.

В *"Разных старых записях" Управления по делам Индии* я нашел подтверждение тому, что торговля опиумом действительно пошла в гору с появлением этого наркотика в Китае. Это также подтверждается в личных бумагах сэра Джорджа Бердвуда, чиновника Британской Ост-Индской компании (BEIC). Вскоре большие объемы опиума были отправлены в Китай. Там, где BEIC потерпел неудачу в Англии, он превзошел самые оптимистичные ожидания среди кули Китая, чью жалкую жизнь препарат сделал сносной.

Только в 1729 году китайское правительство приняло первый из многочисленных законов против употребления опиума, и с этого момента британская олигархия начала борьбу с китайскими властями, которую китайцы проиграли. Власти США ведут аналогичную борьбу с современными наркобаронами, и так же, как китайцы проиграли свою битву, США проигрывают текущее сражение.

Когда я говорю о бенгальском опиуме в Индии, я имею в виду опиум, изготовленный из семенных стручков опийного мака, произрастающего в бассейне Ганга. Лучший опиум поступает из Бихара и Бенареса, и, конечно, есть много некачественного опиума из других частей Индии. В последнее время опиум отличного качества (если слово "отличный" можно применить к такому опасному продукту) поступает из Пакистана в очень больших количествах. Прибыль от этой обширной торговли в течение многих лет была известна как "трофеи империи".

В ходе примечательного судебного процесса в 1791 году Уоррена Гастингса обвинили в содействии обогащению друга за счет Ост-Индской компании. Интересна сама формулировка, поскольку она подтверждает огромную сумму денег, которая была заработана.

Обвинение заключалось в том, что Гастингс предоставил "контракт на поставку опиума на четыре года Стивену Салливану, эсквайру, без рекламы контракта, на явно очевидных и оскорбительных условиях, с целью создания мгновенного состояния для упомянутого Стивена Салливана, эсквайра. Поскольку Ост-Индская компания, полуофициальная, а затем и официальная, владела монополией, единственными людьми, которым было позволено делать "мгновенные состояния", были так называемые "благородные", "аристократические" и олигархические семьи Англии. Посторонние, такие как мистер Салливан, вскоре оказывались в беде, если имели наглость попытаться помочь им вступить в многомиллиардную бизнес-игру!

В 1986 году я увидел публикацию из самого сомнительного источника (под этим я подразумеваю, что это был явно продукт третьего отдела КГБ), в которой утверждалось, что торговля наркотиками связана с мифическими "нацистами". Организация, которая напечатала эту вещь, до сих пор преследует нацистов. Если бы верблюд в Нью-Йоркском зоопарке простудился, в этом были бы виноваты мифические "нацисты".

Пять лет расследования, включая несколько личных бесед с человеком, который якобы был лидером и организационным гением мифических нацистских банковских счетов в швейцарских банках, убедили меня в том, что авторы печатных документов просто предоставляли дешевую дезинформацию. Так называемые "нацисты" не имели абсолютно никакого отношения к торговле наркотиками, в отличие от британцев и американцев - факт, хорошо известный американскому DEA.

Как я уже неоднократно отмечал, и до сих пор есть скептики, достопочтенный BEIC, с длинным списком директоров, которые были почетными членами парламента и принадлежали только к лучшим джентльменским клубам Лондона, занимался прибыльной торговлей опиумом и не терпел никакого вмешательства со стороны британского правительства или кого-либо еще, если на то пошло. Торговля между Британией и Китаем была монополией БЭИК. У компании была маленькая хитрость: большинство ее членов, как в Индии, так и в стране, были также мировыми судьями. Для посадки в Китае требовались даже паспорта, выданные компанией.

Когда несколько следователей прибыли в Китай для расследования обвинений в торговле опиумом в Англии, их британские паспорта были быстро аннулированы "магистратами" Ост-Индской компании. Трения с китайским правительством были обычным делом. Официально Китай принял закон (указ Юнг Ченга от 1729 года), запрещающий ввоз опиума. Однако Британская Ост-Индская компания добилась того, что опиум по-прежнему значился в китайском тарифном справочнике до 1753 года, причем пошлина составляла три таэля за пайку опиума. В то время специальная секретная служба британского монарха ("007" того времени) следила за тем, чтобы неприятные люди были куплены или, если их нельзя было купить, потому что у них было много денег, просто устранены.

Британский колониальный капитализм всегда был главным остатком феодальных систем британских олигархов, и остается таковым по сей день. Когда в 1899 году бедные, необразованные и плохо оснащенные в военном отношении южноафриканские фермеры-партизаны попали в одурманенные наркотиками руки британской аристократии, они даже не подозревали, что жестокая и беспощадная война, которая велась против них, стала возможной только благодаря невероятным суммам денег от "мгновенных состояний" британской торговли наркотиками в Китае, которые стекались в карманы плутократов, организовавших войну. Настоящими зачинщиками войны были Барни Барнато и Альфред Белт, оба из Германии, и Сесил Джон Родс, агент банка Ротшильдов, банка, в который стекалось море денег, полученных от торговли наркотиками. Не удовлетворившись этим, они захотели заполучить золото и алмазы, которые лежали под бесплодной почвой южноафриканской сельвы. Эти три человека ограбили буров, законных владельцев золота и алмазов, на колоссальное состояние при помощи, поощрении и защите британского парламента.

Джоэлы и Оппенгеймеры, которые были основными семьями, занимавшимися добычей золота и алмазов, являются, по моему мнению, величайшими ворами, когда-либо уродовавшими эту Землю, и я не приношу извинений за столь суровое суждение.

Средний южноафриканец, который должен был получить выгоду от золота и алмазов, добытых из недр Южной Африки на миллиарды и миллиарды долларов, практически ничего не получил от этого огромного состояния. Короче говоря, южноафриканцев лишили права первородства, потому что в отличие от истинного капитализма, вавилонская капиталистическая система в Южной Африке не позволяет делиться богатством; оно не доходит до тех, кто его заработал.

Это преступление века, с финансовой точки зрения, и все это стало возможным благодаря огромному состоянию от торговли опиумом, которое позволило королеве Виктории финансировать большую войну угнетения против буров. Постороннему человеку практически невозможно проникнуть в тайны британской олигархии и входящих в нее взаимозависимых семей. По моим оценкам, 95% населения Великобритании вынуждены довольствоваться менее чем 20% национального богатства страны, и это то, что они называют "демократией". Неудивительно, что отцы-основатели Американской республики ненавидели и презирали "демократию".

Камуфляж, который олигархи нанесли на себя в качестве защитной окраски, очень трудно пробить. Тем не менее, это влияет на жизнь каждого американца, поскольку то, что диктует Британия, Америка выполняет.

История полна таких примеров. Достаточно взглянуть на британскую пропаганду, которая втянула Америку в Первую мировую войну с помощью большой лжи о потоплении "Лузитании", чтобы понять, насколько верно мое утверждение. Речь идет не о "милых британских джентльменах", а о безжалостной элите, которая намерена защищать свой образ жизни и которая неразрывно связана с наркоторговлей.

Большинство британских политических лидеров, занимающих видное положение, являются потомками так называемых титулованных семей, титул которых после смерти действующего президента переходит к старшему сыну. Эта система служила для маскировки особенно чуждого элемента, который пробрался в высшую аристократию. Возьмем пример человека, который диктовал ведение Второй мировой войны, лорда Галифакса, британского посла в Вашингтоне. Его сын, Чарльз Вуд, женился на мисс Примроуз, которая является родственницей весьма неблагородного дома Ротшильдов. За такими именами, как лорд Свэйтлинг, стояло имя Монтегю, связанное с королевой Елизаветой, главным акционером нефтяной компании Shell. Конечно, ничего не говорится о ее огромном состоянии от торговли наркотиками, торговли, которая, как я показал, берет начало в 18 веке.

Одним из главных игроков в торговле опиумом в Китае был лорд Пальмерстон, который упорно придерживался мнения, что торговля может продолжаться бесконечно.

В письме одного из своих людей на месте, некоего мистера Эллиотта, говорится, что достаточное количество опиума, переданное китайскому правительству, создаст монополию. После этого британцы ограничивали поставки, заставляя китайских "кули" платить больше за свои дозы. Затем, когда китайское правительство вставало с колен, англичане снова предлагали поставлять им товары по более высокой цене, сохраняя таким образом свою монополию через китайское правительство. Но этот план просуществовал недолго. Когда в ответ китайское правительство уничтожило крупные партии опиума, хранившиеся на складе, а британским купцам было приказано подписать индивидуальное соглашение не ввозить больше опиум в город Гуанчжоу, они предприняли ответные меры, заключив контракты с различными подставными компаниями на импорт от их имени, и вскоре многие суда на дорогах в Макао содержали полные грузы опиума.

Китайский комиссар Линь сказал:

> "На борту английских кораблей, курсирующих сейчас в это место (Макао), находится огромное количество опиума, который никогда не будет отправлен обратно в страну, из которой он прибыл. Он должен продаваться здесь, на побережье, и я не удивлюсь, если узнаю, что его ввозят контрабандой под американскими цветами. "

Но давайте перейдем к более недавней истории этой печально известной торговли, которая распространилась на огромные количества кокаина, а также на легально производимые наркотики с огромными прибылями, такие как валиум и другие так называемые "рецептурные препараты". Британские олигархические семьи перенесли свои штаб-квартиры из Гуанчжоу в Гонконг, но остались в том же бизнесе. Как показывает список выдающихся имен в колонии, они существуют и сегодня, в 2009 году.

Как я уже говорил в предыдущих книгах, вторичная индустрия, возникшая в результате торговли опиумом, сделала Гонконг самым важным центром торговли золотом в мире. Золото используется для оплаты труда крестьян, которые производят опиум-сырец; в конце концов, что китайский крестьянин будет делать с купюрой в 100 долларов США? Опиум составляет 64% валового национального продукта Китая, что дает вам представление о масштабах этой "забалансовой" торговли. По неофициальным оценкам, он равен совокупному валовому национальному продукту (ВНП) пяти самых маленьких европейских государств - Бельгии, Нидерландов, Чехии, Греции и Румынии.

Золотой треугольник является, пожалуй, главным поставщиком опия-сырца за пределами Афганистана, хотя его позиции оспаривают Пакистан, Индия, Ливан и Иран. Какова роль банков в этой прибыльной торговле? Это очень длинная и запутанная история, которой придется подождать до другой книги. Одним из способов является косвенный метод, при котором банки финансируют подставные компании, импортирующие химикаты, необходимые для превращения опиума-сырца в героин.

Гонконгский и Шанхайский банк, имеющий крупный филиал в Лондоне, находится в самом центре этого вопроса. Компания под названием Tejapaibul ведет банковские дела с Гонконгским и Шанхайским банком, ласково называемым "Hongshang Bank". Чем занимается эта компания? Она импортирует огромное количество ангидрида уксусной кислоты, ключевого химического вещества в процессе переработки нефти. Эта компания является основным поставщиком ангидрида уксусной кислоты в "Золотой треугольник". Финансированием этой торговли занимается дочерний банк Hong Shang Bank, Bangkok Metropolitan Bank. Таким образом, вторичная деятельность, связанная с торговлей опиумом в Золотом треугольнике, хотя и не столь важна, как сама торговля опиумом, тем не менее, приносит этим банкам весьма существенный доход.

Меня критиковали за то, что я связываю цену золота со взлетами и падениями торговли опиумом. Давайте посмотрим, что произошло в 1977 году, критическом для золота. Банк Китая шокировал любителей золота и тех проницательных прогнозистов, которых в большом количестве можно встретить в Америке, внезапно и без предупреждения выпустив на рынок 80 тонн золота.

Эксперты не знали, что Китай уже давно покупает и хранит золото. Это привело к снижению цены на золото. Все, что могли сказать эксперты, это то, что они не знали, что у Китайской Народной Республики столько золота! Откуда взялось золото? Он пришел из торговли опиумом, где использовался в качестве "валюты" в Гонконге, но наши гении прогнозирования цен на золото не могли этого знать!

Британцы - не единственные, кто действует в Золотом треугольнике. Крупные покупатели (или их представители) регулярно приезжают в Гонконг со всего Запада для совершения покупок. Героин массово поставляется из порта Гонконга, чтобы попасть на Запад и распространяться на самопровозглашенных "рок"-концертах. Красный Китай рад сотрудничать с обеими сторонами в таком прибыльном предприятии. Кстати, политика Китая в отношении Великобритании в связи с торговлей наркотиками практически не изменилась по сравнению с тем, какой она была в XIX веке. Экономика Китая, связанная с экономикой Гонконга, получила бы огромный удар, если бы сделка не была заключена.

Одним из доказательств этого является кредит, полученный Китаем от Standard and Chartered Bank. С тех пор семья Мэтисон инвестировала 300 миллионов долларов в новый проект недвижимости, совместно разработанный Китайской Народной Республикой и Matheson Banks. Куда бы вы ни посмотрели в современном центре Гонконга, вы увидите новые высотные здания - свидетельство тесных связей между крупными банками, торговлей опиумом и Красным Китаем.

Я хотел бы процитировать слова посла Венесуэлы, сказанные некоторое время назад в Организации Объединенных Наций, и я думаю, что это очень хорошо продуманное заявление:

> "Проблема наркотиков уже перестала рассматриваться как простая проблема общественного здравоохранения или социальная проблема. Это серьезная и далеко идущая проблема, которая затрагивает наш национальный суверенитет; проблема национальной безопасности, поскольку она подрывает независимость нации. "

Наркотики, во всех своих проявлениях производства, маркетинга и потребления, денационализируют и денатурализируют весь мир, нанося ущерб нашей этической, религиозной и политической жизни, нашим историческим, экономическим и республиканским ценностям. Именно так действуют МВФ и Банк международных расчетов (БМР). Я без колебаний заявляю, что эти банки - не что иное, как расчетные центры для торговли наркотиками.

БМР помогает любой стране, которую МВФ хочет потопить, создавая механизмы, позволяющие легко перемещать беглый капитал. БМР также не проводит различия между "беглым капиталом" и отмытыми деньгами от наркотиков. Даже если бы он мог заметить разницу, БМР никогда не говорит об этом, о чем ясно свидетельствует его годовой отчет за 2005 год. Возвращаясь к заявлению посла Венесуэлы, мы видим, что БМР серьезно денационализирует многие страны, вмешиваясь в их социальную, религиозную, экономическую и политическую жизнь посредством своих требований через МВФ. И если страна (включая США) отказывается преклонить колено, БМР фактически говорит:

"Хорошо, тогда мы будем шантажировать вас наркотическими долларами, которые мы храним для вас в очень больших количествах". Теперь легко понять, почему золото было демонизировано и заменено бумажными "долларами" в качестве мировой резервной валюты. Шантажировать страну, обладающую золотым запасом, не так легко, как страну, обладающую бесполезными бумажными "долларами".

На мини-саммите Международной валютной конференции в Гонконге, на котором присутствовал инсайдер, являющийся моим источником, рассматривался именно этот вопрос, и, как мне сказали, МВФ совершенно уверен, что он может делать именно это - шантажировать страны "допинговыми долларами", которые не хотят следовать его условиям.

Райнер Э. Гут из Credit Suisse заявил, что он предвидит ситуацию, при которой национальный кредит и национальные финансы вскоре будут находиться в ведении одной организации. Хотя он не уточнил этого, ясно, что Гут говорил о БМР как о части единого мирового правительства. Я не хочу, чтобы у кого-то были сомнения на этот счет.

От Колумбии до Майами, от Палермо до Нью-Йорка, от Золотого треугольника до Гонконга - наркотики являются большим бизнесом. Это не торговля наркотиками на углу улицы. Вы не хуже меня знаете, что для успешной организации крупнейшей в мире торговли требуется много денег и опыта.

Эти таланты не найти в метро и на углах улиц Нью-Йорка, хотя торговцы и разносчики являются неотъемлемой и важной частью системы, даже если они всего лишь мелкие торговцы, которых легко заменить. Если несколько человек будут арестованы или убиты, какое это имеет значение? Существует множество замен. Нет, это не маленькая организация, а огромная империя, этот грязный наркобизнес. И по необходимости она управляется сверху вниз, самыми высокопоставленными людьми в каждой стране, которую она затрагивает.

Если бы это было не так, то, как и международный терроризм, он был бы давно ликвидирован - тот факт, что он не только продолжает действовать, но и растет, должен указывать любому разумному человеку, что эта деятельность имеет свои основания на самых высоких уровнях.

Основными странами, участвующими в этой торговле, крупнейшей в мире, являются СССР, Болгария, Турция, Ливан, США и Франция, Сицилия, Юго-Западная Азия, Индия, Пакистан, Афганистан и Латинская Америка, но не в порядке значимости. С точки зрения потребителей, основными рынками являются США, Европа и, в последнее время, Великобритания.

Как я уже говорил, в СССР, странах "железного занавеса" и Малайзии наркотики не продаются. Во многих странах-производителях, таких как Турция, действуют очень суровые наказания для потребителей наркотиков и мелких дилеров. Некоторые страны даже применяют смертную казнь - только для мелкой рыбы, чтобы показать всему миру, как они "борются с наркотиками".

Империя наркотиков делится на два "продукта", а именно традиционный героин и относительно недавно появившийся кокаин. Существует третья категория наркотиков, производимых "легальными" компаниями, такими как печально известная Hoffman La Roche, которые производят такие смертельно опасные вещества, как ЛСД, кваалуды и амфетамины; "стимуляторы и депрессанты" того, что люди с улицы называют "попперсовым раем". Является ли эта империя свободным бизнесом? Похоже, что ответ будет квалифицированным "да". Есть и исключения. Кинтекс", известная болгарская фармацевтическая компания, несомненно, является болгарской государственной компанией. Большинство банков, которые имеют дело с грязными деньгами (а они знают, что это грязные деньги), - это известные транснациональные банки, которые работают через сеть дочерних компаний.

Например, компания Kintex имеет собственные склады, парк грузовых автомобилей, включая транспортные средства, подпадающие под действие международного Договора об общем рынке (С.М.Т.), и сложную сеть курьеров, включая пилотов и экипажи самолетов.

Для тех, кто не знаком с ЕЭК ООН, поясню, что автомобили TIR - это грузовики International Road Triangle, четко обозначенные таким образом; предполагается, что они перевозят только скоропортящиеся товары. Они должны быть досмотрены в стране отправления таможенным персоналом этой страны и опечатаны специальной печатью.

Согласно международным договорным обязательствам стран-участниц, эти грузовики не должны останавливаться на границах и всегда проходят без досмотра. Остается только верить болгарам и туркам на слово и надеяться, что в грузовиках МДП не содержится героин, кокаин или опий-сырец, гашиш или амфетамины. Проблема в том, что во многих случаях грузовики МДП действительно содержат большие тайники с наркотиками.

В конце концов, хорошо известно, что наркобароны не уважают международные договоры и что, в любом случае, они всегда могут попросить своих платных истуканов в других странах подменить документы, скрывающие тот факт, что грузовик TIR прибыл из Софии, Болгария.

Единственный способ остановить поступление огромного количества героина и гашиша с Дальнего Востока - прекратить систему МДП. Но именно для этого он и был создан! Забудьте о скоропортящихся товарах и упрощении процедур торговли. Для всего мира это все дым и зеркала. В слишком многих случаях МДП является синонимом наркотиков. Вспомните об этом, когда в следующий раз прочитаете, что в аэропорту Кеннеди в чемодане с ложным дном было обнаружено большое количество героина и что был арестован злополучный "мул". Для новостных СМИ это строго "маленькое пиво".

Другими регионами, где выращивают мак, являются Турция, Пакистан и Иран. Но, как это было уже более трехсот лет, "лучший" товар поступает из Индии, Пакистана и Таиланда. В этих отдаленных районах высоких гор и долин горные племена выращивают это растение и собирают густой сок из стручка, срезая его лезвием бритвы.

Большая часть этих ресурсов находится в руках диких тайских племен, а в Индии именно племена белуджей выращивают и собирают коммерческий урожай золота. Они называют его "Золотым треугольником", потому что племена настаивают на том, чтобы им платили золотом. Чтобы облегчить им задачу, Credit Suisse начал продавать однокилограммовые слитки чистого золота (известные в торговле как четыре девятых), поскольку эти небольшие слитки легко перевозить и обменивать. Большая часть этого золота проходит через Гонконг, который торгует золотом больше, чем Нью-Йорк и Цюрих вместе взятые в разгар "сезона допинга", как его называют гонконгские торговцы золотом. По оценкам, только в этом регионе в хороший год производится около 175 тонн чистого героина. Затем героин поставляется сицилийской мафии и французской стороне бизнеса для переработки в лабораториях, которыми усеяно французское побережье от Марселя до Монте-Карло (включая семью Гримальди - хотя я не предполагаю, что в их дворце есть лаборатория!)

Маршрут пролегает через Иран и Турцию, а также через Ливан. Пакистанская торговля ведется через побережье Маккра. В Иране "движение" осуществляется курдами, как это было на протяжении веков. Одной из основных транзитных зон является, конечно, Турция, но в последнее время Бейрут стал чрезвычайно важен, отсюда и война там, поскольку каждый местный барон пытается оттяпать себе вотчину, а швейцарские и ливанские банки помогают управлять финансовой стороной дела. В настоящее время в Турции действуют очень крупные нефтеперерабатывающие заводы, что является достаточно недавним событием. Аналогичным образом, в Пакистане новые лаборатории, работающие как "военные оборонные лаборатории", перерабатывают опий-сырец, облегчая его транспортировку вниз по течению.

Может ли это быть причиной того, что США поддерживают Пакистан, а не Индию; потому что некоторые банки имеют большие инвестиции в Пакистане, и это не порошок карри или ковры! Но окончательная, более сложная очистка по-прежнему производится в лабораториях в Турции и на побережье Франции.

Остановитесь на этом и подумайте над тем, что я написал. Возможно ли, что со всеми сложными техниками, методами и оборудованием, имеющимися в нашем распоряжении, правоохранительные органы не могут обнаружить и уничтожить эти фабрики по производству героина? Если это правда, то наши западные спецслужбы нуждаются в гериатрическом лечении, нет, они должны быть давно мертвы, а мы забыли их похоронить!

Даже ребенок может сказать нашим агентствам по борьбе с наркотиками, что делать. Было бы очень просто контролировать все заводы, производящие ангидрид уксусной кислоты, важный химический компонент, необходимый для очистки героина. Он настолько прост, что вызывает смех, и напоминает мне "инспектора Клузо" из мультфильма "Розовая пантера" и серии фильмов. Думаю, даже бедный старина Клюзо смог бы найти лаборатории, проследив маршрут и место назначения уксусного ангидрида. Правительства должны принять законы, обязывающие производителей вести специальный учет того, кому продается продукция. Но не задерживайте дыхание на этом; помните, что торговля наркотиками - это синоним большого бизнеса, контролируемого олигархией Европы, Англии и старыми "благородными" семьями Америки. Не расстраивайтесь и не говорите мне: "Нет, это неправда".

Конечно, благородные семьи Британии и Америки не собираются рекламировать свои товары в витринах магазинов, и в таком грязном бизнесе нужны грязные люди, чтобы управлять им, отсюда и мафия. Дворяне никогда не пачкали руки во время торговли опиумом в Китае, и с тех пор они стали намного умнее. Если бы случайно один из них был задержан, вы бы никогда об этом не узнали, и его бы быстро отпустили.

Управляет ли наркоторговлей свободная организация? Опять же, квалифицированное "да", но помните, что Америкой и Англией управляют 300 семей, и все они взаимосвязаны и переплетены через корпорации, банки и браки, не говоря уже об их связях с черной аристократией. Хотя это свободная сущность, не пытайтесь проникнуть в нее.

Если вы задаете вопросы не в том районе, то рискуете, что с вами произойдут очень странные вещи - по крайней мере, если вы еще целы. Равными и равномерно распределенными партиями "товары" спускаются из Турции и прибывают в Болгарию. Там их переупаковывают в грузовики TIR и отправляют в Триест на Адриатическом побережье или на побережье Франции. Опять же, почему бы не следить за каждым грузовиком МДП в этих двух районах и не установить за ними круглосуточное наблюдение? Существуют также морские и воздушные пути, оба хорошо охраняются "высшими инстанциями".

Как я уже сказал, мула ловят, иногда даже задерживают крупную партию, но не столько героина (потому что он более ценен); в основном это кокаин и марихуана, которые потребляются как часть издержек ведения бизнеса. Как ни странно, "советы" часто исходят от самих наркоторговцев, когда речь идет о небольших партиях.

В Южной Америке борьба ведется с кокаином. Производство" кокаина относительно простое и дешевое, а основной продукт легко доступен по низкой цене. Можно сколотить огромное состояние, если человек готов пойти на риск, не столько вовлекая правоохранительные органы, сколько попадая в сети кокаиновых королей.

Незваные гости не приветствуются и обычно становятся жертвами "семейных разборок", которые постоянно вспыхивают. Основными странами-производителями кокаина являются Колумбия, Боливия и Перу, предпринимаются некоторые попытки завезти кокаиновый куст в Бразилию. В Колумбии наркомафия - это сплоченная семья гангстеров, хорошо известная властям.

Проблема в том, чтобы что-то с ними сделать. Пользуясь покровительством высших властей Англии и Америки, кокаиновые бароны открыто презирают усилия искренних борцов с наркотиками, таких как президент Колумбии Бетанкур.

Бетанкур сделала примерно столько, сколько позволяли ее ограниченные ресурсы, но этого было недостаточно. Бич торговцев и производителей кокаина продолжает доминировать в национальной жизни Колумбии. Кажется, нет способа искоренить его. Бетанкур вел огромную борьбу за выживание. Наркобароны, со своей стороны, получили всю возможную помощь от МВФ, и вопрос уже не стоял о том, выживет ли Бетанкур, а только о том, как долго он сможет продержаться у власти. Другим основным поставщиком кокаина в США является Боливия, и в течение короткого времени президент Силес Зуасо пытался остановить поток кокаина, идущий в Америку, но его усилия не увенчались успехом. Опять же, на каждом шагу ему противостояли МВФ и Банк международных расчетов (БМР). Каждый из его экономических планов объявлен МВФ "неприемлемым". Разжигаются рабочие волнения; забастовки и "демонстрации" мешают его управлению. Коронованные головы европейских гадюк оркеструют эту антисилуановскую кампанию. Силас не пользуется поддержкой боливийской армии; слишком много высокопоставленных офицеров получили хорошую зарплату от кокаиновых баронов еще до прихода Силаса к власти. Им не хватало "привилегий", которые сопутствовали работе. Им не нравилась жесткая экономия, навязанная МВФ. Все пошло не так 14 июля 1985 года, когда Сайлас был отстранен от власти на национальных выборах.

Бывший лидер страны с 1971 по 1978 год Уго Бансер Суарес одержал крупную победу. Это не было неожиданностью, поскольку Суарес получил очень сильную поддержку от банкиров с Уолл-стрит и друзей Генри Киссинджера, и, конечно, он получил вотум доверия от боливийского офицерского класса.

Как бывший диктатор и друг боливийских мафиози, Суарес должен был расширить торговлю кокаином. В качестве "награды" за помощь, полученную от МВФ, Суарес должен был выполнить жестокие условия, навязанные Боливии МВФ, и поэтому в последующие месяцы мы видели, как многие боливийцы умирали от голода. Все это, конечно, соответствует отчету Global 2000. В то же время в Соединенные Штаты начал поступать настоящий поток кокаина.

МВФ, действуя от имени иерархии наркоторговцев в Англии и США, сумел ввергнуть Боливию в хаос. Фактически, в период проведения выборов страна была неуправляемой. Именно это имел в виду посол Венесуэлы, когда сказал, что "наркоторговля подрывает национальный суверенитет, политику и экономику". Я не могу придумать более яркого примера этого, чем Боливия. После победы Банзера крестная фея МВФ неожиданно объявила, что будет поддерживать Боливию в переговорах с иностранными кредиторами. Основными отраслями промышленности Боливии являются горнодобывающая промышленность и сельское хозяйство. Оба сектора находились в состоянии банкротства, которое было намеренно подстроено МВФ, чтобы сместить Силеса и наказать его за его выступление против торговли кокаином. Успех МВФ слишком очевиден. Перу, еще один крупный производитель кокаина, также подвергся нападкам со стороны МВФ за антикокаиновую позицию своего нового лидера. 2 августа 1985 года правительство объявило о пресечении деятельности нелегальных торговцев валютой, в результате чего было арестовано более двухсот человек, процентные ставки были снижены, а минимальная заработная плата увеличена на пятьдесят процентов.

Это абсолютно противоречило требованиям и условиям МВФ, который требовал жестких мер экономии. МВФ быстро принял меры.

Партизанское движение, которое было практически подавлено, внезапно стало набирать новую энергию и под руководством своего лидера Абиналя Гусмана начало бесчинствовать, убивая сотни крестьян. Бомбардировки потрясли Лиму.

Экономика была парализована. Удрученная хаосом, нация призвала сильного лидера. Она нашла его в Альберто Фухимори, перуанском гражданине японского происхождения. Фухимори был человеком большой чести и честности, который казался лучшей надеждой на избавление Перу от бедствий наркоторговли. Избранный большинством голосов, Фухимори столкнулся с трудной задачей борьбы с МВФ и БМР на экономическом фронте, а также с хорошо финансируемыми и хорошо организованными лоббистскими группами.

США и Великобритания поддерживали Гусмана и его партизанскую армию.

Глава 2

Роль Афганистана в международной торговле опиумом/героином

Афганистан снова в новостях по той простой причине, что он является одним из основных источников опия-сырца, как это было со времен Британской Ост-Индской компании (BEIC), предков Комитета 300. Я также рассмотрю роль Пакистана в выращивании опийного мака и объясню, почему США закрывали глаза по крайней мере в трех случаях, когда избранное правительство Пакистана было свергнуто и заменено военным режимом, в то время как Чили и Аргентина подверглись "специальным мерам" за то же самое "преступление".

Афганистан - древняя мусульманская страна, расположенная к северу от гор Гиндукуш. Некоторые из древних инструментов, найденных в долине Хайбак, были датированы по углероду, что показывает, что их возраст составляет не менее тысячи лет. Западных людей привлекало то, что в стране идеальный климат и почва для выращивания мака, из которого получают опиум. Страна управлялась династией Баракзай с 1747 по 1929 год и была известна своими затяжными конфликтами между представителями династии и племенными вождями.

До XVIII века страна находилась под персидским и частично под индийским владычеством. Семья Баракзай управляла торговлей опиумом по меньшей мере 150 лет, и, как мы знаем, когда вооруженные силы США свергли талибов, они поставили члена этого клана, Хамида Баракзая, во главе Афганистана, и в настоящее время страна находится под его контролем.

В 1706 году Кандагар объявил о своей независимости, а в 1709 году Мир Ваис, лидер гильзаинов и мусульманин-суннит, разбил персидские войска, направленные против него в Кандаге, сохранив торговлю опиумом в руках британцев.

В 1715 году Мир Абдулла сменил Мир Ваиса, но он был пойман на попытке заключить мир с персами и был свергнут в 1717 году. Затем последовал период напряженного соперничества, за которым последовало вторжение афганцев в Персию.

В 1763 году к власти пришел Заман-шах, сын Тимура, но вместо единства он был отмечен тотальным и непрерывным племенным соперничеством и ожесточенными сражениями. Его отец, робкий правитель, не смог помешать Индии захватить некоторые из его территорий, включая Пенджаб, потерянный сикхами в битвах 1793-1799 годов.

В 1799 году эмиссары БЕИК начали прибывать в Кандагар для встречи с правителем, Шахом Шуджей. В 1809 году, перед смертью шаха Шуджи, БИК заключил с ним соглашение о помощи в отражении "иноземцев", особенно из Персии и Индии. В 1818 году Махмуд Шах установил контроль над страной и занялся укреплением отношений с БЕИК, которая в то время занималась "сельскохозяйственной экспансией" в виде обширных маковых полей. Чувствуя, что их ожидает богатая награда, персы вторглись в страну в 1816 году, но были изгнаны Патх Алль Каном, солдатом и доверенным лицом Беика.

В 1818 году племена восстали против выращивания мака и доходов от продажи опиума-сырца в ВЕIC. В результате Афганистан был разделен на племенные анклавы - Кабул, Кандагар, Газни и др. Именно в этот период разделения Индия украла Кашмир у Афганистана, так как хотела получить кусок прибыльного опиумного пирога. В 1819 году, после серии племенных войн, Дост Мухаммед захватил Кабул и стал правителем Газни и Кандагара. Увидев возможность получить прибыль от торговли опиумом, которая процветала при режиме БЕИК, Персия напала на Герат в 1837 году, и разразился племенной конфликт, который продолжался до июля 1838 года. Причиной этого конфликта стала торговля опиумом, прочно находившаяся в руках Великобритании. Все еще ища решения, британское правительство достигло соглашения с Ранджит Сингхом и шахом Суджу, который под эгидой БИК восстановил бы трон шаха Шуджи, тем самым объединив племена и эффективно блокировав Персию. Но, не зная британцев, Дост Мохамед разбогател, участвуя в торговле опиумом, заключая сделки за пределами BEIC.

В 1839 году британские войска, дислоцированные в Индии, вошли в Афганистан в ходе Первой афганской войны. Они сместили Дост Мухаммеда и изгнали его в Индию. Его имущество было конфисковано БЕИК, а британские войска взяли под контроль основные города, но вскоре они обнаружили, что имеют дело с неуловимыми силами племен из обоих альянсов.

В течение всего этого периода ничто не мешало выращиванию мака, и большие объемы опия-сырца вывозились из Афганистана, как правило, через территорию, которая впоследствии стала Пакистаном. В этот период, поскольку компания знала, как контролировать местные племена и обеспечивать защиту своих прибыльных инвестиций, она получала огромные прибыли. В Палате общин в Лондоне были подняты вопросы о том, почему британские войска были размещены в такой пустынной стране, как Афганистан, когда не было никаких существенных причин для их присутствия. Бедные члены парламента не знали, что BEIC ежегодно зарабатывает огромное состояние. В то время как британцы рекламировали свою борьбу с китайскими "полевыми командирами" (в действительности таможенными агентами китайского правительства), они держали в тайне свои войны в Афганистане.

Когда племена Дост Мухаммеда начали войну против англичан, британские газеты выдавали ее за "стычку племен", если о ней вообще упоминалось. Британские войска, направлявшиеся в Кандагар, были атакованы войсками Дост Мохаммеда, которые были отбиты, а их лидер взят в плен и сослан в Индию.

В 1842 году сэр Александр Бернс вернул Шах-Шуджу на трон. Лондон думал, что это действие умиротворит племена, но вместо этого оно привело к большим волнениям, кульминацией которых стало убийство сэра Александра и британского посланника сэра Уильяма МакНотона. Это послужило сигналом к всеобщему восстанию против британского правления, и лорд Окленд направил британские войска в составе 16 000 английских и сипайских солдат, чтобы занять Кабул. Но восстание было настолько сильным, что британские войска были вынуждены отступить из Кабула в Кандагар. Но на обратном пути британские войска попали в засаду, устроенную 3000 соплеменников, которые нанесли им много потерь. Шах Шуджа, которого соплеменники считали марионеткой англичан, также был убит.

Затем афганцы взяли под контроль поля опийного мака, а различные полевые командиры начали устанавливать контроль над опиумными маршрутами из страны. Хуже того, они стали требовать дань с караванов БЕИК, идущих через Индию.

Караваны вьючных животных с опиумом-сырцом подвергались нападениям, когда не выплачивалась дань, опиум похищался, и многие были убиты военачальниками. Именно во время этих эпизодов Редьярд Киплинг написал свои рассказы о храбрости британских войск, охранявших перевал Хайбер. Обычные британские граждане с энтузиазмом воспринимали эти рассказы о храбрости. Они и понятия не имели, что британских солдат приносят в жертву во имя многомиллиардного частного предприятия, которое не имеет ничего общего с "Богом, королевой и страной".

В этот период военачальники были слабо связаны между собой под руководством Акбар Кана, сына Дост Мухаммеда.

В 1842 году британские войска под командованием сэра Джорджа Поллока прибыли из Индии и захватили Кабул. Сотни соплеменников, подозреваемых в причастности к нападению, которое так дорого обошлось британской армии, подвергаются суммарной казни. Дорст Мухаммед возвращен на трон сэром Джорджем. Он немедленно приступил к разгрому опиумных племенных группировок и наказал тех, кто захватил маковые поля БЕИК.

Благодаря его "благородной" деятельности, 30 марта 1855 года британское правительство подписало с Мохаммедом Пешаварский договор, позволявший ему контролировать Кандагар и Кабул, но не важные поля опиумного мака Гельмет в Герате, которые персы захватили у БЕИК. Несмотря на это, торговля опиумом-сырцом, производимым БЕИК в Афганистане, стала соперничать с торговлей в долине Ганга и Бенаресе.

Затем Великобритания объявила войну Персии. Невинной британской публике сказали, что война была вызвана тем, что Персия пыталась захватить британские колониальные территории. В 1857 году персы потерпели поражение и заключили мирный договор, подписанный в Париже, в котором они признали "независимость" Афганистана и отказались от всех претензий на эту территорию. Британский марионетка Дост Мухаммед был послан взять под контроль Герат, но племенное соперничество держало район в беспорядке в течение следующих пяти лет, и Досту удалось передать его под британскую юрисдикцию только в 1863 году. Если британцы что-то и узнали об Афганистане, так это следующее: Никогда не претендуйте на контроль территории, пока все фракции не придут к согласию друг с другом, что может занять целую вечность. Герат - хороший пример. Потребовалась десятимесячная осада, чтобы ослабить хватку одного из племен в этом районе. В 1870 году Дост умер, и почти сразу же Герат погрузился в гражданскую войну, когда брат Доста, Шер Али, попытался заявить о своих правах на престол. Не сумев договориться с племенами, Али обратился за помощью к России, потеряв всякое доверие к британцам, и в июне 1878 года в Кабул прибыла российская миссия во главе с генералом Столетовым. БЭИК немедленно поднял тревогу, и стороны снова вступили в войну, поскольку Шер Олл отказался принять встречное предложение британской миссии. Война продолжалась год (1878-1879), в течение которого Шер Али был убит. Глубоко встревоженные тем, что русские могут прекратить прибыльную торговлю опиумом с Афганистаном, британские войска вторглись в этот регион под руководством своей марионетки Якуба, сына Шер Али. Затем британские войска рассеялись и заняли гарнизонами всю страну. Именно в это время был подписан договор, по которому британцы выплачивали "плату за защиту" в размере 75 000 долларов в год, чтобы обеспечить безопасный проход опиумных караванов через Хайберский перевал, где были размещены британские войска для обеспечения выполнения соглашения.

Конечно, в рассказах Редьярда Киплинга ничего не говорится о том, почему конвои охранялись войсками Ее Величества, и, несомненно, весь ад разразился бы, если бы истинная миссия войск была раскрыта.

Наслаждаясь тем, что они считали полным успехом своей миссии в Кабуле, британские войска начали ослаблять бдительность, поскольку больше не было налетов на маковые поля или нападений на конвои, проходящие через Хайберский перевал. Но грубое пробуждение для Лондона таилось на заднем плане. 3 сентября 1879 года сэр Луи Каваньяри (потомок старой черной аристократии Венеции) был убит вместе со своим эскортом, и страна была ввергнута в новую войну. Якуб, обвиненный в сговоре с мятежными племенами за спиной англичан, был смещен 19 октября 1879 года.

В 1880 году, когда британцы готовились к войне с бурскими

республиками Южной Африки, чтобы лишить эту страну ее огромных золотых ресурсов, на сцене появился новый афганский правитель, некто Абд-Ар-Рахман, племянник Али Шер Али. Британцы были довольны этим новым человеком, который сумел сохранить мир и навязать свою власть постоянно враждующим племенным фракциям.

В этот период относительной стабильности большое количество высококачественного опия-сырца покинуло страну и оказалось на складах БЭИК. Считается, что в этот период (1880-1891 гг.) в казну BEIC поступили миллиарды фунтов стерлингов, которых хватило бы на оплату десятикратной стоимости англо-бурской войны, разразившейся в 1899 году. Также было много вмешательства со стороны России, которая пыталась закрепиться в Афганистане и обеспечить буфер для своих границ. Россия не была заинтересована в торговле опиумом; ее единственной заботой было получение территориального буфера. Наконец, после пяти лет серьезных проблем с Великобританией, две страны достигли соглашения, в котором Россия согласилась не вмешиваться в афганские дела.

На протяжении всей своей бурной истории Афганистан продолжал производить опий-сырец лучшего качества, который пользовался большим спросом у западных потребителей, и основной маршрут, по которому перевозился этот груз, проходил через Пакистан. Поэтому история опиума в Афганистане тесно связана с историей опиумной торговли в Пакистане и ее транзитных путей на побережье и далее на Ближний Восток и в Западную Европу.

На пике своего могущества БЭИК ежегодно получала из Афганистана 4 000 тонн опиума. Оценочная стоимость этого огромного производства за один год (1801) составила 500 миллионов долларов, колоссальное состояние по тем временам. Большая часть опиума проходила через Хайберский перевал в Индию (ту часть, которая сейчас известна как Пакистан), затем вниз к пустынному побережью Маккра, где его забирали арабские доу и везли в Дубай, где за него платили золотом. Бумажные деньги для этой торговли не принимаются. В результате этой торговли в Дубае насчитывается не менее 25 банков, торгующих золотом, из которых Британский банк Ближнего Востока является самым важным в торговле золотом для опиума. Мусульмане Афганистана, в отличие от китайского рабочего класса, не потребляют опиум и поэтому не пристрастились к нему. Они с удовольствием выращивали мак, добывали опийный сок, перерабатывали его в опий-сырец, а затем продавали. Таким образом, Афганистан избежал ужасного бедствия опиумной наркомании, которое в конечном итоге постигло Китай. Тогда, как и сейчас, выращивание мака и сбор ценного сока является основным занятием мужского населения Афганистана.

Секреты тщательно охраняются, и пока преобладает статус-кво, так будет до конца времен! Я видел поля маков, выращенных из семян до цветущих растений, а затем, когда сок поднимается в стручках, как их срезают бритвами, из которых вытекает и застывает смола, похожая на резину. Я также увидел, что не было предпринято никаких попыток обуздать или сократить выращивание мака. Я постарался подробно рассказать о том, какой режим был навязан Афганистану иностранными державами, в надежде, что читатели поймут, что с тех пор мало что изменилось. США считают, что вторжение и бомбардировки привели страну к покорности, но они жестоко ошибаются. Афганистан - это страна полевых командиров и соперничающих группировок, которые пытаются урвать кусок опиума, картина запутанных связей и ожесточенного соперничества. Этого США и их союзники никогда не смогут победить.

Талибы - созданные, вооруженные и направляемые Центральным разведывательным управлением (ЦРУ) в качестве контрсилы для предотвращения захвата страны Россией - теперь являются врагом! Когда талибы пришли к власти, над ними насмехались, высмеивали и презирали, но они быстро заявили о себе и, победив русских, ополчились на своих американских благодетелей, приказав прекратить выращивание мака и экспорт опиума-сырца. Мили и мили маковых полей были сожжены вместе с запасами опиума. Внезапно наркобароны лондонского Сити и Уолл-стрит увидели огромную потерю доходов, и ситуацию пришлось кардинально переломить.

Я не могу точно сказать, как произошла атака на Всемирный торговый центр, но я знаю, что американский народ никогда бы не согласился на вторжение войск США в Афганистан, если бы не катастрофа 11 сентября 2001 года, и поэтому более чем вероятно, что история покажет, что трагедия 11 сентября была "выдуманной ситуацией". К большому огорчению дубайских банков и торговцев опиумом в США и Великобритании, талибы уничтожили полевых командиров во главе с кланом Баракзай, которые продавали опиум на Запад, большинство из них бежали в Пакистан или горные районы страны. Торговля опиумом прекратилась. Талибы приняли указ о том, что любой, кто выращивает мак или торгует опиумом, будет расстрелян. Опиумные военачальники разошлись со своими преступными лакеями.

Это вызвало тревогу во всем Вестминстере и Нью-Йорке. В Дубае 90 банков, обслуживавших торговлю опиумом, увидели, что их ждет разорение. Нужно было что-то делать, и это было сделано. Соединенные Штаты вступили в войну с Афганистаном, как и британцы, русские и персы до них. Целью войны, как нам говорят, было "искоренить талибов и их террористов из Аль-Каиды". Огромная эскадрилья бомбардировщиков летала круглосуточно, и немногие здания, оставшиеся в Кандагаре после войны с Россией, были превращены во внушительные груды обломков. Военные ястребы Рамсфельд, Вулфовиц, Чейни и Перл злорадствуют. Дома нью-йоркские газеты трубили о том, что США "выиграли" войну в Афганистане. Американский народ не знал, что война только начинается. Американским войскам придется оставаться в Афганистане в течение десятилетий, удерживая опиумные группировки друг от друга и обеспечивая бесперебойный поток опиума по старым торговым путям. Пакистанское военное начальство, как и всегда, получит большую выгоду от кокаина, поступающего из Афганистана. Именно поэтому Первез Мушарраф был выбран в качестве нашего главного "союзника в войне с террором".

После падения Талибана и возобновления контроля клана Баракзай торговля опиумом в Афганистане процветает, и неясно, попытается ли новое правительство остановить или хотя бы сократить ее. Смеем предположить, что при навязанном США режиме торговля опиумом не только вернется к прежним объемам производства, но и увеличит количество производимого опиума-сырца. В своем ежегодном докладе о международной торговле наркотиками Госдепартамент сообщил, что талибы, отстраненные от власти американскими военными в 2005 году, практически ликвидировали выращивание опийного мака на подконтрольных им территориях.

Мировое производство опиума резко сократилось с 3656 тонн в 2000 году до 74 тонн в 2001 году, и почти все производство пришлось на районы Афганистана, удерживаемые Северным альянсом, союзником Вашингтона в войне против Талибана. Это свидетельство из первых рук: наша "война с наркотиками" - такая же фальшивка, как фальшивая банкнота Федерального резерва. Пока талибы уничтожали посевы и запасы опиума, ЦРУ уверяло наших "союзников" - "полевых командиров", представляющих собой набор беспринципных, кровожадных бандитов, - не беспокоиться, они скоро вернутся к власти. Агентство по борьбе с наркотиками (DEA) не попыталось войти и подавить эту банду паразитов, когда у него была замечательная возможность сделать это. Вместо этого США защищали бандитов, торгующих наркотиками. Афганистан традиционно был одним из ведущих мировых производителей опиатов, наряду с Индией, которая в 2008 году вернула себе позицию главного производителя благодаря запрету Талибана.

Опиум является сырьем для производства опиатов - героина и морфина, и Афганистан был основным поставщиком этих наркотиков в регион, а также в Западную Европу и США. Согласно недавнему докладу США, после падения Талибана в Афганистане возобновилось широкомасштабное выращивание мака, и наркоторговцы продолжают активно действовать в стране, несмотря на массированное присутствие американских войск на местах. Хотя временная власть в Кабуле, поддерживаемая США марионетка Чейни, Рамсфельда и Вулфовица, Хамид Карзай (Баракзай), объявил о собственном запрете на выращивание опиума, этот запрет был не намного больше столицы и не стоил бумаги, на которой был написан. Если бы Карзай попытался привести в исполнение свой указ, его бы нашли однажды утром с перерезанным от уха до уха горлом. Его торговцы никогда бы не позволили ему остаться в живых, чтобы помешать их прибыльному бизнесу.

В отчете говорится:

> "Орган власти не обладает достаточными возможностями для обеспечения соблюдения запрета, и должен работать с местными центрами власти и сообществом доноров, чтобы обеспечить реальное соблюдение запрета. Неясно, что увещеваний и даже финансовой поддержки международного сообщества будет достаточно для быстрого искоренения выращивания мака в Афганистане... После военных действий фракция, которая фактически контролирует территорию, меняется. Неясно, будут ли фракции соблюдать запрет Временной администрации на выращивание мака. "

Какая полная чушь.

И почему бы не обеспечить его соблюдение с помощью большого числа агентов DEA при поддержке американских военных? Мы знаем, что наши контролеры считают американский народ самым доверчивым в мире, но пытаться навязать населению подобную чушь и думать, что в нее поверят, не поддается объяснению. Северный альянс, который доминирует в правительстве Карзая, похоже, не предпринимает никаких действий против наркотиков в контролируемых им районах страны. ООН также неоднократно сообщала, что фермеры собирают второй урожай опиума в районах, контролируемых Северным альянсом, говорится далее в докладе.

Можете ли вы поверить в наглость тех людей, которые ожидают, что мы поверим в такую откровенную чушь? "Не появляется"? Дело в том, что, хотя талибы делали все возможное, чтобы искоренить это бедствие, Вашингтон не только знал, что их "союзники" выращивают мак, но и заверил их, что никто не будет мешать их торговле, пока они являются нашими "союзниками" в войне против талибов. Затем Вашингтон вооружил и подготовил их к войне против всего Афганистана, оставив их смертоносную торговлю в неприкосновенности. Таковы реальные факты, стоящие за войной в Афганистане.

США возлагают определенные надежды на региональные усилия по предотвращению вывоза афганских опиатов из страны через группу "Шесть плюс два", в которую входят США, Россия и шесть ближайших соседей Афганистана. Это еще одна шарада. Ничего не делается и никогда не будет сделано, чтобы остановить афганскую торговлю опиумом. Если бы в этом направлении были предприняты какие-либо серьезные усилия, лидер Пакистана генерал Первез Мушарраф был бы отброшен. Половина правящего истеблишмента Пакистана полностью зависит от сборов от прибыльной торговли опиумом, который проходит через Пакистан на пути в Европу и США. Между тем, наркоторговля в провинции Гильменд будет продолжаться, несмотря на все усилия временных властей и международного сообщества, добавляется в докладе Госдепартамента.

Нет абсолютно никаких доказательств того, что руководство талибов в Афганистане когда-либо было вовлечено в торговлю опиумом, а также того, что этот наркотик был основным источником финансирования сети "Аль-Каиды"

Усамы бен Ладена. Мы изучили все известные записи и не нашли подобных доказательств. Мы отвергаем утверждения Госдепартамента как пропаганду, чистую и простую. Однако официальные лица говорят, что базирующаяся в Афганистане сеть "Аль-Каида" получает косвенную выгоду от участия талибов в торговле людьми, и они опасаются, что она налаживает более тесные связи с торговцами людьми, поскольку испытывает давление со стороны Соединенных Штатов после террористических атак 11 сентября. Где доказательства? Утверждения не являются доказательствами, и до сих пор никаких доказательств представлено не было. Это пропаганда, призванная поставить под сомнение религиозные убеждения талибов.

> "Каждый раз, когда у вас есть террористическая организация, которая должна иметь источники денег и географически находится рядом с наркоорганизациями, которые производят деньги, тогда, очевидно, существует потенциал для более тесной связи между ними,

сказал Аса Хатчинсон, бывший глава DEA, выступая перед подкомитетом по реформе правительства Палаты представителей по уголовному правосудию, наркополитике и человеческим ресурсам. Теперь мы говорим, что назначение Хатчинсона было политическим, и что он практически ничего не знает о наркоторговле, поскольку провел время в Палате представителей, прежде чем потерял свое место из-за своей роли в процессе импичмента Клинтона.

Официальные лица США заявили, что торговля опиумом была основным источником финансирования Талибана, жесткого исламского ополчения, которое правит большей частью страны. Хатчинсон и Уильям Бах, сотрудник Госдепартамента по борьбе с наркотиками, сказали, что охранники Талибана иногда принимали опий-сырец вместо наличных.

Это жалкое заявление исходит прямо из уст ряженых из "Северного альянса", которые не могут говорить правду, потому что в противном случае они потеряют свой благоприятный статус в отношениях с Вашингтоном. Вот еще одна "жемчужина":

> "В ожидании военного возмездия США за террористические атаки талибы, похоже, распродают свои запасы. Цена на опиум в регионе внезапно упала с 746 долларов за килограмм до 95 долларов сразу после нападений. С тех пор она выросла до 429 долларов. "

Можно подумать, что если бы мы сказали, что талибам нужно оружие, они вряд ли "отказались" бы от самого прямого способа его получения! В любом случае, нет никаких доказательств того, что талибы когда-либо торговали опиумом. Те, кто мог поддаться искушению, были бы подвергнуты суду и казни в соответствии с их религиозным кодексом. В конце 1790-х годов Афганистан стал крупнейшим в мире производителем опиума, сырья для героина. На пике своего развития она обеспечивала более 70% доходов БЭИК, и это отличие страна сохраняла на протяжении двух мировых войн и в конце 1990-х годов.

Придя к власти, талибы приказали прекратить выращивание опиума, ссылаясь на религиозные принципы. Международные наблюдатели подтвердили, что производство практически уничтожено в районах, контролируемых талибами, а то немногое, что осталось, выращивается на землях так называемого оппозиционного "Северного альянса" - банды негодяев, наркоторговцев и убийц под покровительством бывшего министра обороны Дональда Рамсфельда.

Разве это не объясняет многие вещи, которые нуждаются в объяснении? И это не первый случай прямого участия США в торговле наркотиками. Мы видели это во Вьетнаме, Ливане, Мексике, Пакистане и теперь в Афганистане. Но американские чиновники говорят, что запрет мало повлиял на незаконный оборот, потому что талибы не ликвидировали огромные запасы опиума, оставшиеся с прошлых лет, и не арестовали торговцев. Что есть истина? Госдепартамент и новый начальник DEA говорят нам, что талибы "избавились" от своих огромных запасов опиума, и в то же время мы должны верить, что талибы ничего подобного не делали! Поверьте нам, когда мы говорим, что не было бы необходимости "ликвидировать" акции. Пакистанские наркобароны - включая военных - купили бы у талибов каждый килограмм опия-сырца по полной цене.

Эта история - полная чушь. Все дело в том, что основные участники торговли находились на территории, "охраняемой" Северным альянсом, и талибы не могли туда войти, потому что Дональд Рамсфелд вооружил их танками, артиллерией и всем необходимым для современной армии, любезно предоставленным налогоплательщиками. Председатель подкомитета Марк Соудер, Р-Индиана, назвал запрет на талибов "большой ошибкой".

> "холодно рассчитанная уловка для контроля цен на мировом рынке на их опиум и героин".

Похоже, это тот случай, когда слепой ведет слепого! Соудер звучит хуже, чем Хатчинсон. Почему бы не сказать правду и не позволить американскому народу решить? Зачем лгать и запутывать? "Американские чиновники подсчитали, что опиум может приносить талибам до 50 миллионов долларов в год", - говорят Хатчинсон и Бах. Аль-Каида получает косвенную выгоду, поскольку она находится под защитой Талибана.

Однако Бах сказал, что наркоторговля "не является основным ресурсом Аль-Каиды", а Соудер отметил, что американские чиновники уделяют мало внимания афганской торговле опиумом, поскольку в США его поступает мало:

> "Сейчас мы столкнулись с новой реальностью: афганская наркоторговля, которая едва пересекла наши границы, нанесла нашей стране не меньший ущерб, чем наркотики с полмира, попавшие на американские улицы. "

Если средний американец сможет разобраться в этих противоречивых заявлениях, то мы будем очень удивлены. Но независимо от того, можем мы их понять или нет, это, повторяем, чистый двойной разговор. Мы еще раз просим вас рассмотреть следующие вопросы:

> Нам говорят, что талибы "распродали" большую часть своих запасов опиума.

> Нам говорят, что талибам нужны были доходы от опиума.

> Нам говорят, что талибы получали 50 миллионов долларов в год от доходов от продажи опиума.

> Нам говорят, что талибы "выбросили" свои огромные запасы. Были ли 50 миллионов долларов "выброшены на ветер"? Почему кто-то хочет "выбросить" 50 миллионов долларов?

> Нам говорят, что до сих пор DEA не проявляло особого интереса к главному мировому поставщику опиума-сырца. Имеет ли это смысл? Если DEA не обращает внимания на опиум, поступающий из Афганистана, то оно виновно в неисполнении своих обязанностей.

> Нам говорят, что причина, по которой DEA не справляется со своими обязанностями, заключается в том, что в США поступает так мало опиума!

Вы можете поверить этим людям? Они, должно быть, думают, что американский народ - самый глупый народ в мире. После терактов 11 сентября в Нью-Йорке и Вашингтоне Афганистан оказался в центре внимания всего мира. Возглавляемый США "альянс против терроризма" разбомбил Афганистан, и элементы Аль-Каиды покинули страну. Незаконное выращивание опиума в Афганистане стало частью пропагандистской войны. Торговля героином неоднократно упоминалась в качестве основного источника сетей Усамы бин Ладена. Но нас почему-то заставили поверить, что бин Ладен сбежал и остается на свободе в Афганистане, по-прежнему направляя терроризм против Запада. На наш взгляд, к этому следует относиться с большим скептицизмом.

"Оружие, которое талибы покупают сегодня, оплачивается жизнями молодых британцев, которые покупают свои наркотики на британских улицах. Это еще одна часть их режима, которую мы должны стремиться уничтожить,

сказал бывший премьер-министр Великобритании Тони Блэр.

Его заявление является примером искажения реальной ситуации с опиумной экономикой в Афганистане. В действительности, именно союзник г-на Блэра в Афганистане, "Северный альянс", получает все больше и больше прибыли от преступной опиумной экономики. Нет никаких доказательств того, что талибы торгуют опиумом.

Когда бывший премьер-министр Блэр держал британскую армию в Афганистане, у него было достаточно времени для уничтожения маковых полей, проведения исследовательских миссий и уничтожения запасов опиума-сырца. Почему г-н Блэр не приказал своим войскам предпринять эти шаги? Это была прекрасная возможность провести скоординированную зачистку страны и обезвредить производителей мака, арестовать наркоторговцев и уничтожить их запасы. Средства и деньги для проведения такой операции имелись, но нет, видимо, г-н Блэр посчитал, что его слова более весомы, чем его действия. Это называется "пропаганда". Блэр должен знать, что сказали Соудер и Хатчинсон. Их, видимо, не беспокоят смерти молодых британских героиновых наркоманов, потому что это не дело Америки! Верьте в эти вещи, рискуя потерять уровень IQ.

Когда талибы пришли к власти в Кабуле в 1996 году, они просто унаследовали ситуацию, которая превратила Афганистан с конца 18 - 19 века в крупнейшего в мире производителя опиума. В период с 1994 по 1998 год производство опия составляло от 2 000 до 3 000 метрических тонн сырья в год. Большая часть этой продукции направлялась через Индию (а позже Пакистан), первоначально под руководством лучших солдат британской армии, увековеченных в рассказах Редьярда Киплинга о храбрости. Позже именно генералы пакистанской армии следили за прибыльными доходами от этой торговли. После того как опиум обменивался на золото в Дубае, опий-сырец перерабатывался в героин и морфий в Турции и Франции. Лишь незначительная часть опиума перерабатывалась в Афганистане. Все предыдущие рекорды были побиты в 1999 и 2000 годах, когда производство опиума в Афганистане достигло 4 500 тонн.

Администрация Буша хотела бы заставить нас поверить, что 27 июля 2000 года "...после многих лет международного давления лидер талибов Мулла Омар ввел полный запрет на посев опиума на следующий сезон". Это не так. Талибы запретили выращивание опийного мака и производство опия-сырца, как только пришли к власти. Глобальное давление не имеет к этому никакого отношения.

Если "глобальное давление" является причиной, по которой Талибан запретил торговлю, то почему оно не имело никакого эффекта до прихода Талибана к власти? На территории, контролируемой Талибаном, посевы сократились, в то время как в районах, контролируемых "Северным альянсом", они процветали. Быстрое продвижение американских войск благодаря массированной кампании бомбардировок США в войне против сети Бен Ладена и захват Кабула бандитами "Северного альянса" не положили конец опиумной экономике. Произошло как раз обратное: опиумная экономика возродилась, хотя США и их британские союзники теперь контролировали все основные районы выращивания мака. Афганистан стал объектом внимания Программы ООН по международному контролю над наркотиками (UNDCP), когда стало ясно, что эта страна стала крупнейшим в мире источником опиума, за двадцать лет до прихода талибов. Проекты ЮНДКП по пресечению потока нелегального опиума в Афганистан не оказали заметного влияния. В так называемой "войне с опиумом" в Афганистане основные районы выращивания находились под контролем так называемого "Северного альянса", название которого придумал Рамсфельд, чтобы скрыть его истинный состав бандитов и головорезов.

С 1994 года ежегодное исследование опийного мака в рамках программы мониторинга посевов ЮНДКП является наиболее надежным источником данных о культивировании мака и потенциале производства опия. Самый последний, опубликованный в октябре 2008 года, подробно подтвердил резкое сокращение посевов опийного мака, т.е. после захвата власти талибами. До этого "глобальное давление" не оказывало никакого влияния на опиумных баронов, которые позже были зачислены в так называемый "Северный альянс" Рамсфельда.

Для понимания сложностей афганской опиумной экономики весьма полезна серия политических исследований UNDCP, даже если в ней нет подробностей о закулисных контролерах. В ней рассказывается о расширении маковых полей в Афганистане и причинах этого; о роли опиума как источника кредита и в стратегии обеспечения средств к существованию мелких фермеров и военных беженцев; о роли женщин в опиумной экономике; о динамике сельских районов, стоящих за незаконной торговлей, которая принесла миллиарды фунтов стерлингов компании BEIC и до сих пор приносит значительное состояние тем, кто распространяет опиум, например, генералам пакистанской армии. В последнем выпуске "Глобальные тенденции незаконного оборота наркотиков" (2008), подготовленном Программой Совета ООН по наркотикам (UNDCP) под руководством Сандипа Чавла, главы исследовательского отдела UNDCP, содержится специальный раздел, посвященный Афганистану, с полезным, но ограниченным обзором тенденций в опиумной экономике с первых дней ее существования, объясняющим, как Афганистан стал крупнейшим в мире поставщиком опиума.

В своей книге "*История Комитета 300*",[2] , я подробно рассказал о том, как эта гигантская группа смогла заработать столько денег на страданиях от торговли опиумом, навязанной китайскому народу правительством Великобритании. В книге подробно описана история печально известной торговли опиумом и контрабанды героина в регионе, включая сделки, санкционированные ЦРУ и пакистанской разведкой ISI во время джихада против советской оккупации в 1980-х годах. Существует множество отчетов "истеблишмента" о криминализированной афганской экономике, в основном посвященных объяснению тенденций контрабанды за два десятилетия до и после 1989 года, которые пытаются создать впечатление, что контрабандная торговля опиумом - это относительно новое явление.

Большинство из них упоминают период 1987-1989 годов как "дату начала" торговли опиумом и связанной с ней незаконной деятельности, в то время как документы, найденные в Британском музее и Доме Индии, показывают, что незаконная торговля героином и морфином началась с приходом британцев в Афганистан. Индия (позднее Пакистан) была глубоко вовлечена в эту преступную торговлю, которая началась при британском правлении в 1868 году и продолжается по сей день. Следующий текст приводится в качестве примера урезанного характера отчетности учреждений:

> Афганистан не только стал крупнейшим в мире производителем опиума и центром торговли оружием, но и поддерживает многомиллиардную торговлю контрабандными товарами из Дубая в Пакистан. Эта криминализированная экономика финансирует как талибов, так и их противников. Она изменила отношения и ослабила государства и правовую экономику во всем регионе. Для достижения прочного мира потребуется не только

---

[2] *Иерархия заговорщиков, история Комитета 300*, Omnia Veritas Ltd, www.omnia-veritas.com.

прекращение боевых действий и политическое урегулирование, но и преобразование региональной экономики путем создания альтернативных источников средств к существованию и расширения прав и возможностей.

На первый взгляд, все в отчете выдержано в тонах и никого не идентифицирует. Но его цели кажутся возможными, хотя в действительности опиум правит Афганистаном и Пакистаном (той частью, которая раньше была Индией) с 1625 года, и ничто этого не изменит. И вот конец истории: США и их так называемые "партнеры по Северному альянсу" не сделают ничего, чтобы остановить эту прибыльную торговлю, от которой зависит прибыль и само существование не менее 23 британских банков, базирующихся в Дубае, причем прибыль направляется в банки лондонского Сити. Как наивно полагать, что эти супербанки позволят кому-либо вмешаться в их машину по производству денег.

Документы Британской Ост-Индской компании, хранившиеся в лондонском India House (до того, как они были таинственным образом уничтожены), содержали уникальную информацию о торговле опиумом в Афганистане и подробно описывали маршруты контрабанды с севера, из Афганистана через Пакистан в Дубай. Во времена BEIC эта торговля никогда не считалась "криминальной". Единственной "преступной деятельностью", зафиксированной в этих документах, была попытка бандитов угнать поезда с опиумом через Хайберский перевал, где они были отбиты лучшими солдатами британской армии. Данные США по Афганистану были неточными и сильно политизированными в течение последних двадцати лет. Интересно, что в этих последних заявлениях DEA впервые использует почти исключительно данные UNDCP, которые оно считало сильно завышенными, по крайней мере, до нескольких лет назад.

Интересно, почему? Приведение статистических данных

является политически целесообразным в рамках уловки США по дискредитации Талибана и объединению "войны с террором" с "войной с наркотиками". В действительности ни того, ни другого не существует, но шарада должна поддерживаться, чтобы дать оправдание драконовским и абсолютно неконституционным "законам", которые грубо нарушают Билль о правах. Вот почему мы не можем найти Бен Ладена. Если бы мы это сделали, внезапно не было бы талибов и не было бы причин продолжать "войну с террором". В Афганистане, после ухода талибов, время сбора урожая не является событием для опиумных фермеров Афганистана и Пакистана - региона, который сегодня соперничает с Юго-Восточной Азией как крупнейший в мире источник героина, наркотика, получаемого из опийного мака.

Администрация Г.У. Буша решила не уничтожать урожай опиума в Афганистане. Любопытно, что президент Буш, который ранее напрямую связывал наркоторговлю в Афганистане с терроризмом, вдруг решил не уничтожать урожай опиума в Афганистане. Сотрудник американской разведки, вернувшийся из Афганистана, сообщил об этом европейскому новостному журналу. Источник, попросивший не называть его имени, отметил, что поля опийного мака находятся в полном расцвете и готовы к сбору урожая. Силы США могли бы уничтожить посевы с помощью воздушного распыления, но такие действия не планируются. Здесь нет огнеметов, направленных на созревающие бутоны мака, нет признаков того, что войска вырывают растения и сжигают их. На самом деле, на маковых полях все спокойно, потому что фермеры знают, что никто их не потревожит. Их также не волнует "терроризм" в дальних странах, но некоторые сотрудники разведки глубоко обеспокоены запретом США на уничтожение полей опийного мака.

В докладе ООН о незаконном обороте наркотиков за январь 2002 года говорится:

Если предполагаемые 3 000 тонн опиума попадут на рынок, это приведет к дальнейшему росту международного терроризма и большой потере международного авторитета администрации Буша и способности США вести войну в 21 веке. Враги Америки во всем мире, от Китая до Северной Кореи и Ирана, будут ободрены отсутствием стратегического видения и политической воли. США и все их союзники подписали глобальный запрет на продажу опиума. В январе 2002 года ООН выпустила отчет о производстве опиума в Афганистане, подчеркнув, что союзные силы должны действовать быстро, чтобы уничтожить урожай опиумного мака 2002 года к концу весны. Американские и британские войска не предпринимали таких действий.

Глобальное значение запрета на выращивание и торговлю опийным маком в Афганистане огромно. Афганистан является основным источником незаконного опия: 70% мирового незаконного производства опия в 2000 году и до 90% героина на европейских наркорынках происходят из Афганистана. Есть достоверные свидетельства того, что с октября 2001 года в некоторых районах (например, в южных провинциях Урузган, Гильменд, Нангархар и Кандагар) возобновилось культивирование опийного мака после эффективного выполнения запрета талибов на культивирование в 2001 году, не только из-за нарушения правопорядка, но и потому, что фермеры отчаянно пытаются пережить длительную засуху.

По данным разведки, ЦРУ выступает против уничтожения посевов опийного мака в Афганистане, поскольку это привело бы к свержению пакистанского правительства. Согласно этим источникам, пакистанские спецслужбы угрожали свергнуть президента Мушаррафа, если он прикажет уничтожить урожай. История Пакистана говорит о том, что это не пустая угроза. Бывший президент Пакистана А.Х. Бхутто был повешен за попытку остановить торговлю, а его преемник, генерал Зия-уль-Хак, погиб в очень загадочной авиакатастрофе после того, как снял деньги, предназначавшиеся для банков лондонского Сити.

Угроза свержения Мушаррафа частично мотивирована исламскими радикальными группами, связанными с Межведомственной разведкой Пакистана (ISI). Считается, что радикальные группировки получают основное финансирование от производства и торговли опиумом. Пакистанское военное руководство глубоко вовлечено в контроль за потоком опиума в свою страну - как это было всегда - и не потерпит никаких сбоев в этой торговле. Пакистанские спецслужбы полностью коррумпированы и ненадежны, не говоря уже о нестабильности и нелояльности. Они потворствуют тому, кто больше заплатит, и высмеивают религиозные принципы. ЦРУ находится в союзе с ними уже много лет и вряд ли изменит курс. Как с горечью заключила Бхутто:

> Если они [ЦРУ] действительно выступают против уничтожения торговли опиумом в Афганистане, это только укрепит веру в то, что ЦРУ является неэтичным агентством, которое следует своей собственной повестке дня, а не повестке дня нашего конституционно избранного правительства. Если мы не воспользуемся этой возможностью уничтожить производство опиума в Афганистане, мы окажемся хуже талибов, которые остановили его, несмотря на заявления об обратном.

Решение ЦРУ не останавливать производство опиума в Афганистане было одобрено Комитетом 300, их главным начальником. По данным разведки, британское и французское правительства без лишнего шума одобрили политику США. ЦРУ имеет историю поддержки международной торговли наркотиками и действовало во многом аналогичным образом во время катастрофической войны во Вьетнаме: резкий рост торговли героином в США, начиная с 1970-х годов, напрямую связан с деятельностью ЦРУ. Знаменитое интервью Чоу Эн Лая египетской газете *"Аль-Ахрам"* подтверждает утверждение о том, что ЦРУ уже много лет является соучастником мировой торговли наркотиками. Именно этого хочет Комитет 300: простая субсидия в размере 2000 долларов в год, не превышающая в общей сложности 20 миллионов долларов, выплачиваемая напрямую афганским фермерам, прекратит все производство опиума, как утверждают источники в разведке. Война США в Афганистане уже обошлась примерно в 40 миллиардов долларов, и ни один пенни не был потрачен на уничтожение маковых полей и пресечение потока опиума-сырца в Пакистан (данные Госдепартамента США за 2009 год).

Теперь, когда мы знаем, что миллионы долларов, потраченные на рекламные кампании США, связывающие продажу запрещенных наркотиков с терроризмом, были ложью, и теперь, когда мы знаем, что администрация Буша защищала производство опиума в Афганистане, мы начинаем понимать, насколько ошибочной была война в Афганистане, и почему США выбрали Пакистан в качестве "нашего главного союзника в борьбе с терроризмом". Прекращение производства опиума в Афганистане не стоило бы и десятой доли миллионов долларов, потраченных на телевизионную рекламу нашей "войны с террором - войны с наркотиками", но странное отсутствие действий в Афганистане против наркоторговли со стороны "ястреба войны" Рамсфельда и администрации Буша в целом, показывает, насколько лицемерна и ошибочна так называемая "война с террором". Каждый раз, когда вы видите говорящую голову вроде Билла О'Рейли, сообщающую о новом успехе в конфискации денег террористов, помните, что это капля в море по сравнению с миллиардами долларов, текущими в дубайские банковские хранилища Комитета 300, и знайте, что это не будет иметь ни малейшего значения для потока незаконных афганских опиумных денег в банки лондонского Сити и оффшорные банки, не говоря уже о потоке героина в Америку. Война в Афганистане не выиграна. Наши войска никогда не вернутся домой. Торговля опиумом должна контролироваться.

Управление ООН по наркотикам и преступности (УНП ООН) опубликовало результаты экспресс-оценки культивирования опийного мака в Афганистане. Федеральное правительство в Вашингтоне также опубликовало свой ежегодный отчет о движущих силах выращивания опиума. В ответ на это министр иностранных дел Великобритании Ким Хоуэллс сказал:

> Правительство Великобритании хочет уменьшить количество героина, поступающего на наши улицы из Афганистана. Масштабы наркоторговли в Афганистане огромны, и стратегия по ее искоренению потребует времени - быстрого решения проблемы не существует. Выращивание опиума в Афганистане будет колебаться в количественном отношении, как это было в недавнем прошлом.

Исследование ООН 2008 года позволило получить очень раннее представление о возможном уровне урожая в этом году. По сравнению с хорошими результатами прошлого года, которые показали снижение производства, данный отчет свидетельствует о стабильном уровне культивации в большинстве из 31 провинции Афганистана, о росте культивации в 13 провинциях и о снижении культивации в трех провинциях. Однако, как следует из отчета независимых водителей, подготовленного для МИДа, неверно фокусироваться только на ключевых цифрах, поскольку общая картина более сложная. Существует большое разнообразие культур и факторов, влияющих на фермеров по всей стране.

В опросе не оценивался прогресс в проведении кампании по искоренению, а лишь указывалось, что в 2009 году искоренение будет организовано лучше и, следовательно, должно быть более успешным, чем в 2008 году. Нынешнее увеличение посевов мака не означает, что в борьбе с этой торговлей не достигнут прогресс. Искоренение является лишь частью общей афганской и международной стратегии по борьбе с культивированием мака: производятся крупные изъятия, обучается афганская полиция, создаются альтернативные источники средств к существованию и учреждаются институты по борьбе с наркотиками. После вторжения США в Афганистан в октябре 2001 года торговля опиумом в Золотом Полумесяце резко возросла. Согласно американским СМИ, эта прибыльная контрабанда защищается талибами, не говоря уже, конечно, о региональных полевых командирах, вопреки "международному сообществу". Считается, что торговля героином "наполняет казну Талибана". По словам Государственного департамента США:

> Опиум является источником буквально миллиардов долларов для экстремистских и преступных группировок... Сокращение поставок опиума необходимо для создания безопасной и стабильной демократии, а также для победы в глобальной войне с терроризмом.
>
> Заявление заместителя госсекретаря Роберта Чарльза, слушания в Конгрессе, 1 er апреля 2004 года.

По данным Управления ООН по наркотикам и преступности (ЮНОДК), производство опия в Афганистане в 2008 году оценивается в 6 000 тонн, а площадь культивирования составляет около 80 000 гектаров. Государственный департамент предполагает, что в 2008 году под культивацией находилось до 120 000 гектаров. Мы можем оказаться на пути к значительному увеличению. Некоторые наблюдатели указывают на то, что урожай 2008 года увеличится на 50-100% по сравнению с прошлогодними тревожными показателями. В ответ на рост производства опиума после падения Талибана администрация Буша активизировала свою деятельность по борьбе с терроризмом, одновременно выделяя большие суммы государственных денег на инициативу Управления по борьбе с наркотиками в Западной Азии, получившую название "Операция по сдерживанию". Различные отчеты и официальные заявления, конечно, смешиваются с обычной "сбалансированной" самокритикой о том, что "международное сообщество делает недостаточно" и что нам нужна "прозрачность". Выступления от имени Исполнительного директора УНП ООН на Генеральной Ассамблее ООН, октябрь 2001 года:

> Заголовки гласили: "Наркотики, полевые командиры и отсутствие безопасности омрачают путь Афганистана к

демократии".

Американские СМИ хором обвиняют ныне несуществующий "жесткий исламский режим", даже не признавая, что Талибан - в сотрудничестве с ООН - успешно ввел запрет на выращивание мака в 2000 году. В 2001 году производство опиума сократилось более чем на 90%.

Фактически, рост производства опиума совпал с наступлением военной операции под руководством США и падением режима талибов. С октября по декабрь 2001 года фермеры начали массово пересаживать мак. Успех афганской программы по искоренению наркотиков 2000 года при режиме Талибана был признан на октябрьской сессии Генеральной Ассамблеи ООН 2001 года (состоявшейся всего через несколько дней после начала бомбардировок 2001 года). Ни одна другая страна-член УНП ООН не смогла реализовать сопоставимую программу:

> Во-первых, что касается борьбы с наркотиками, я планировал сосредоточить свое выступление на последствиях запрета талибов на выращивание опийного мака в районах, находящихся под их контролем...

Теперь у нас есть результаты нашего ежегодного полевого исследования по выращиванию мака в Афганистане. Производство этого года (2001) составляет около 185 тонн. Это меньше, чем 3 300 тонн в прошлом году (2000), т.е. снижение составило более 94%. По сравнению с рекордным урожаем в 4700 тонн два года назад, снижение составило более 97%. Любое сокращение незаконного культивирования приветствуется, особенно в таких случаях, как этот, когда не произошло никакого перемещения, местного или в другие страны, чтобы ослабить результат.

После вторжения США риторика изменилась. Сейчас УНП ООН действует так, как будто запрета на опиум в 2000 году никогда не было:

> ... Борьба с культивированием наркотиков велась и выиграна в других странах, и она может быть проведена и выиграна здесь (в Афганистане), при сильном и

демократическом управлении, международной помощи и улучшении безопасности и целостности.

Заявление представителя ЮНОДК в Афганистане на Международной конференции по борьбе с наркотиками в феврале 2004 года.

На самом деле, Вашингтон и ЮНОДК теперь утверждают, что целью талибов в 2000 году было не "искоренение наркотиков", а коварный план по созданию "искусственного дефицита поставок", который бы поднял мировые цены на героин. По иронии судьбы, эта извращенная логика, ставшая частью нового "консенсуса ООН", опровергается отчетом представительства УНП ООН в Пакистане, которое в то время подтвердило отсутствие доказательств накопления запасов талибами.

Desert News, Солт-Лейк-Сити, штат Юта, 5 октября 2003 года.

После американских бомбардировок Афганистана в 2001 году британское правительство Тони Блэра получило задание от "Большой восьмерки", группы ведущих промышленных стран, провести программу по уничтожению наркотиков, которая теоретически позволила бы афганским фермерам перейти от выращивания мака к выращиванию других культур. Британцы работали из Кабула в тесном контакте с афганскими властями.

Операция DEA США "Сдерживание". Программа уничтожения посевов, спонсируемая Великобританией, является очевидной дымовой завесой. С октября 2001 года культивирование опийного мака резко возросло. Одной из "скрытых" целей войны было именно возвращение спонсируемой ЦРУ наркоторговли на исторический уровень и установление прямого контроля над наркомаршрутами. Сразу же после вторжения в октябре 2001 года рынки опиума были восстановлены. Цены на опиум резко возросли. В начале 2009 года цена на опиум (в долларах/кг) была почти в 15 раз выше, чем в 2000 году. В 2001 году при режиме талибов производство опиатов составило 185 тонн, а в 2002 году оно выросло до 3 400 тонн при марионеточном режиме президента Хамида Карзая, спонсируемого США. Подчеркивая патриотическую борьбу Карзая против Талибана, СМИ не упомянули, что Карзай фактически сотрудничал с Талибаном. Он также служил в крупной американской нефтяной компании UNOCAL. Фактически, с середины 1990-х годов Хамид Карзай выступал в качестве консультанта и лоббиста UNOCAL на переговорах с талибами. По данным саудовской газеты *"Аль-Ватан"* :

> Карзай был подпольным оператором Центрального разведывательного управления с 1980-х годов. Он направлял помощь США талибам с 1994 года, когда американцы тайно и при посредничестве пакистанцев (в частности, ISI) поддержали захват власти талибами.

Стоит вспомнить историю наркоторговли "Золотого полумесяца", которая тесно связана с тайными операциями ЦРУ в регионе со времен натиска советско-афганской войны и ее последствий. До советско-афганской войны (1979-1989 гг.) производство опиума в Афганистане и Пакистане осуществлялось для небольших региональных рынков. Местного производства героина не было. Афганская наркоэкономика была тщательно разработанным проектом ЦРУ, поддерживаемым внешней политикой США. Как показали скандалы "Иран-контра" и Bank of Commerce and Credit International (BCCI), тайные операции ЦРУ в интересах афганских моджахедов финансировались за счет отмывания денег от наркотиков. Эти "грязные деньги" перерабатывались через ряд банковских учреждений (на Ближнем Востоке), а также через анонимные подставные компании ЦРУ в "секретные деньги", которые использовались для финансирования различных повстанческих групп во время советско-афганской войны и после нее. Поскольку США хотели снабдить повстанцев-моджахедов в Афганистане зенитными ракетами "Стингер" и другим военным оборудованием, им было необходимо полное сотрудничество Пакистана. К середине 1980-х годов операция ЦРУ в Исламабаде была одним из крупнейших разведывательных пунктов США в мире.

"Если BCCI настолько неудобен для США, что откровенные расследования не проводятся, это во многом связано с тем, что США закрывали глаза на торговлю героином в Пакистане", - сказал один из сотрудников американской разведки.

Исследование исследователя Альфреда Маккоя подтверждает, что в течение двух лет после начала тайной операции ЦРУ в Афганистане в 1979 году приграничные районы Пакистана и Афганистана стали крупнейшим в мире производителем героина, обеспечивая 60% спроса в США. В Пакистане число героиновых наркоманов выросло почти с нуля в 1979 году до 1,2 миллиона в 1985 году, что намного больше, чем в любой другой стране; активы ЦРУ снова контролировали торговлю героином. Когда партизаны-моджахеды захватили территорию Афганистана, они приказали крестьянам сажать опиум в качестве революционного налога. По другую сторону границы в Пакистане афганские лидеры и местные профсоюзы под защитой пакистанской разведки управляли сотнями лабораторий по производству героина. За это десятилетие крупномасштабного наркотрафика американское агентство по борьбе с наркотиками в Исламабаде не смогло произвести ни одного крупного изъятия или ареста.

Американские чиновники отказались расследовать обвинения в торговле героином, выдвинутые их афганскими союзниками, поскольку наркополитика США в Афганистане была подчинена приоритетам войны против советского влияния в этой стране. В 1995 году бывший директор ЦРУ, отвечавший за операцию в Афганистане, Чарльз Коган признал, что ЦРУ фактически пожертвовало войной с наркотиками ради холодной войны:

Нашей главной задачей было нанести как можно больший ущерб Советскому Союзу. У нас не было ни ресурсов, ни времени, чтобы провести расследование по наркотикам.

Я не думаю, что нам нужно извиняться за это. Каждая ситуация имеет свои последствия. Да, были последствия в плане наркотиков. Но главная цель была достигнута.

Советские войска покинули Афганистан.

Роль ЦРУ, о которой имеется множество документов, не упоминается в официальных публикациях УНП ООН, которые сосредоточены на внутренних социальных и политических факторах. Нет необходимости говорить о том, что исторические корни опиумной торговли были грубо искажены. По данным ЮНОДК, производство опиума в Афганистане выросло более чем в 15 раз с 1979 года. После советско-афганской войны рост наркоэкономики не прекратился. Талибан, поддерживаемый США, первоначально способствовал дальнейшему росту производства опиатов до запрета опиума в 2000 году. Эта переработка наркоденег использовалась для финансирования повстанческих движений в Центральной Азии и на Балканах после окончания холодной войны, включая Аль-Каиду. Более подробно см. Мишель Чоссудовский, *Война и глобализация, Правда за 11 сентября*, Global Outlook, 2002.

Наркотики: за нефтяным рынком и торговлей оружием

Доходы, получаемые от спонсируемой ЦРУ афганской наркоторговли, весьма значительны. Афганская торговля опиатами является значительной частью мирового годового оборота наркотиков, который, по оценкам Организации Объединенных Наций, составляет 400-500 миллиардов долларов США. В то время, когда эти данные ООН были впервые опубликованы (1994 год), (по оценкам) мировая торговля наркотиками была такого же порядка величины, как и мировая торговля нефтью.

По оценкам МВФ, отмывание денег в мире составляет от $590 млрд до $1,5 трлн в год, что составляет 2-5% мирового ВВП. (*Asian Banker*, 15 августа 2003 г.) Большая часть отмывания денег в мире, по оценкам МВФ, связана с торговлей наркотиками. По данным 2003 года, наркоторговля является "третьим в мире товаром по объему денежных средств после нефти и торговли оружием". *The*

Independent, 29 февраля 2004 года.

Более того, приведенные выше цифры, включая данные об отмывании денег, подтверждают, что основная часть доходов, связанных с мировой наркоторговлей, не попадает в руки террористических групп и полевых командиров, как предполагается в докладе УНП ООН. За наркотиками стоят мощные коммерческие и финансовые интересы. С этой точки зрения геополитический и военный контроль над маршрутами наркотиков имеет такое же стратегическое значение, как нефть и трубопроводы. Однако от легальной торговли товарами наркотики отличает то, что они являются основным источником формирования богатства не только для организованной преступности, но и для разведывательного сообщества США, которое становится все более влиятельным игроком в финансовой и банковской сферах. В свою очередь, ЦРУ, которое защищает торговлю наркотиками, установило сложные коммерческие и тайные связи с крупными преступными синдикатами, участвующими в наркоторговле. Другими словами, спецслужбы и мощные бизнес-синдикаты, связанные с организованной преступностью, конкурируют за стратегический контроль над героиновыми маршрутами. Миллиарды долларов, полученных от продажи наркотиков, оседают в западной банковской системе.

Большинство крупных международных банков, а также их филиалы в оффшорных банковских гаванях отмывают крупные суммы наркоденег. Этот бизнес может процветать только в том случае, если у основных игроков, занимающихся наркотиками, есть "политические друзья в высших кругах".

Легальный и нелегальный бизнес все больше переплетаются; грань между "бизнесменами" и преступниками размывается. В свою очередь, отношения между преступниками, политиками и сотрудниками спецслужб испортили структуры государства и роль его институтов. Эта торговля характеризуется сложной сетью посредников. Существует несколько этапов торговли наркотиками, несколько взаимосвязанных рынков, начиная с обедневшего фермера, выращивающего мак в Афганистане, и заканчивая оптовыми и розничными рынками героина в западных странах. Другими словами, существует "иерархия контроля цен" на опиаты.

Эта иерархия признана администрацией США:

> Афганский героин продается на международном рынке наркотиков в 100 раз дороже, чем цена, которую фермеры получают за свой опиум у ворот фермы.
>
> Госдепартамент США цитирует *"Голос Америки"*.

По данным УНП ООН, в 2003 году опиум в Афганистане принес ... доход в размере 1 млрд. долларов США для фермеров и 1,3 млрд. долларов США для наркоторговцев, что составляет более половины национального дохода страны. Согласно этим оценкам УНП ООН, средняя цена свежего опия составляла 350 долларов США за кг. (2002); производство в 2002 году составило 3400 тонн. Однако оценки УНП ООН, основанные на местных ценах на фермах и оптовых ценах, составляют лишь очень малую долю от общего многомиллиардного объема афганской наркоторговли. По оценкам УНП ООН, "общий годовой оборот международной торговли" афганскими опиатами составляет 30 миллиардов долларов США. Однако изучение оптовых и розничных цен на героин в западных странах позволяет предположить, что общий доход от продажи героина, включая доходы на розничном уровне, гораздо выше. Считается, что из одного килограмма опия получается около 100 граммов (чистого) героина.

DEA США подтверждает, что героин SWA (Юго-Западная Азия, т.е. Афганистан) продавался в Нью-Йорке в конце 1990-х годов по цене от 85 000 до 190 000 долларов США за килограмм оптом с уровнем чистоты 75%. С момента публикации этих данных, согласно источникам, цены на героин выросли на 450%.

По данным Управления по борьбе с наркотиками США (DEA), "цена героина Юго-Восточной Азии (ЮВА) колеблется от 70 000 до 100 000 долларов за единицу (700 граммов), а чистота героина ЮВА составляет от 85 до 90%". Единица ACE весом 700 граммов (чистота 85-90%) соответствует оптовой цене за килограмм чистого героина от 115 000 до 163 000 долларов США. Цифры, приведенные DEA, хотя и отражают ситуацию в 1990-х годах, в целом соответствуют данным Великобритании за 2002 год. Согласно сообщению в газете *"Гардиан"* (11 августа 2002 года), оптовая цена (чистого) героина в Лондоне (Великобритания) составляла около 50 000 фунтов стерлингов, или около 80 000 долларов США (2002 год). Хотя между различными источниками поставок героина существует конкуренция, следует отметить, что афганский героин составляет довольно небольшой процент от рынка героина в США, который в основном поставляется из Колумбии.

Департамент полиции Нью-Йорка (NYPD) отмечает, что розничные цены на героин снижаются, а его чистота относительно высока. Героин, который раньше продавался по цене около 90 долларов за грамм, теперь продается по цене 65-70 долларов за грамм или меньше. По неофициальной информации полиции Нью-Йорка, чистота пакетика героина обычно составляет 50-80%, но может достигать и 30%. Информация за июнь 2008 года показывает, что тюки (10 мешков), приобретенные доминиканскими покупателями у доминиканских продавцов в больших количествах (около 150 тюков), продавались всего за 40 долларов за штуку или 55 долларов за штуку в Центральном парке. По данным DEA, унция героина обычно продается за 2500-5000 долларов США, грамм - за 70-95 долларов США, упаковка - за 80-90 долларов США, а пакет - за 10 долларов США.

По данным DMP, средняя чистота героина на уличном уровне в 1999 году составляла около 62%. Данные полиции Нью-Йорка и УБН по розничным ценам, похоже, совпадают.

Цена DEA от 70 до 95 долларов США при чистоте 62% означает 112-153 доллара США за грамм чистого героина. Данные полиции Нью-Йорка примерно схожи, возможно, с более низкими оценками чистоты. Следует отметить, что когда героин приобретается в очень небольших количествах, розничная цена, как правило, намного выше. В США его часто покупают по "пакетикам" (типичный пакетик содержит 25 миллиграммов чистого героина). Пакет стоимостью 10 долларов в Нью-Йорке (в соответствии с цифрой DEA, приведенной выше) будет стоить 400 долларов за грамм, каждый пакет содержит 0,025 грамма чистого героина. Другими словами, для очень маленьких покупок, реализуемых уличными дилерами, розничная маржа, как правило, намного выше. В случае покупки пакета стоимостью 10 долларов, это примерно в 3-4 раза превышает соответствующую розничную цену за грамм ($112 - $153). В Великобритании розничная цена за грамм героина, по данным британской полиции, "...снизилась с 74 фунтов стерлингов в 1997 году до 61 фунта (в 2004 году)". (т.е. примерно с $133 до $110 по курсу 2004 г.) *Независимая*, 3 марта 2004 г.

В некоторых городах его стоимость достигала 30-40 фунтов стерлингов за грамм при низком уровне чистоты. Средняя цена грамма героина в Великобритании составляет от £40 до £90 (от $72 до $162 за грамм). (Уличная цена героина в апреле 2007 года составляла 80 фунтов стерлингов за грамм, согласно данным Национальной службы криминальной разведки. Это цены от цены на выходе с фермы в стране-производителе до конечной розничной цены на улице. Последняя часто в 80-100 раз превышает цену, выплачиваемую фермеру. Другими словами, опиатный продукт проходит через несколько рынков - от страны-производителя до стран-перевалщиков и затем до стран-потребителей. В последнем случае существует большая разница между "посадочной ценой" в пункте ввоза, которую требуют наркокартели, и оптовыми и розничными ценами на улице, которые защищает западная организованная преступность. В Афганистане, по сообщениям, в 2003 году было произведено 3 600 тонн опиума, что позволило бы произвести около 360 000 кг чистого героина. Валовой доход афганских фермеров, по оценкам УНП ООН, составляет около 1 млрд долларов США, из которых 1,3 млрд долларов США достаются местным торговцам. При продаже на западных рынках по оптовой цене героина около 100 000 долларов США за кг (при степени чистоты 70%), глобальная оптовая выручка (соответствующая 3 600 тоннам афганского опия) составит около 51,4 млрд. долларов США.

Последняя цифра является консервативной оценкой, основанной на различных показателях оптовых цен, представленных в предыдущем разделе. Общая выручка афганской наркоторговли (в пересчете на общую добавленную стоимость) оценивается с использованием конечной розничной цены героина. Другими словами, розничная стоимость торговли в конечном итоге является мерилом для измерения важности наркоторговли с точки зрения получения доходов и формирования богатства. Однако значимую оценку розничной стоимости практически невозможно установить, поскольку розничные цены значительно варьируются в пределах городских районов, между городами и между странами-потребителями, не говоря уже о различиях в чистоте и качестве. Данные о розничной марже, т.е. разнице между оптовыми и розничными ценами в странах-потребителях, тем не менее свидетельствуют о том, что значительная часть общей (денежной) выручки от наркоторговли формируется на розничном уровне. Другими словами, значительная часть доходов от наркоторговли поступает в преступные и деловые синдикаты западных стран, участвующие в местных оптовых и розничных рынках наркотиков. А различные преступные группировки, занимающиеся розничной торговлей, неизменно находятся под защитой "корпоративных" преступных синдикатов.

90% героина, потребляемого в Великобритании, поступает из Афганистана. Используя розничную цену

Великобритании в 110 долларов США за грамм (при предполагаемом уровне чистоты 50%), общая розничная стоимость афганской наркоторговли в 2003 году (3 600 тонн опия) составила бы около 79,2 млрд. долларов США. Последний показатель следует рассматривать как имитацию, а не как оценку. При таком предположении (моделировании) 1 миллиард долларов США валового дохода афганских фермеров (2003 год) принесет глобальный доход от наркотиков - суммированный на разных стадиях и на разных рынках - порядка 79,2 миллиарда долларов США.

Эти глобальные доходы получают бизнес-синдикаты, спецслужбы, организованная преступность, финансовые учреждения, оптовые и розничные торговцы и т.д., прямо или косвенно вовлеченные в наркоторговлю. В свою очередь, доходы от этой прибыльной торговли оседают в западных банках, которые являются ключевым механизмом для отмывания грязных денег. Очень небольшой процент идет фермерам и торговцам в стране-производителе. Следует помнить, что чистый доход афганских фермеров составляет лишь малую часть от оценочной суммы в 1 миллиард долларов. Сюда не входит оплата сельскохозяйственных средств производства, проценты по кредитам кредиторам, политическая защита и т.д. Афганистан производит более 70% мирового предложения героина, и на героин приходится значительная часть мирового рынка наркотиков, стоимость которого, по оценкам ООН, составляет около 400-500 миллиардов долларов.

Достоверных оценок распределения мировой наркоторговли между основными категориями не существует:

➢ Кокаин, опиум/героин,

➢ Каннабис, стимуляторы амфетаминового типа (САР),

➢ Другие лекарства.

Доходы от торговли наркотиками размещаются в обычной

банковской системе. Наркоденьги отмываются в многочисленных оффшорных банковских гаванях в Швейцарии, Люксембурге, на Нормандских островах, Каймановых островах и еще примерно в 50 других местах по всему миру. Именно здесь взаимодействуют преступные синдикаты, занимающиеся торговлей наркотиками, и представители крупнейших коммерческих банков мира. Грязные деньги оседают в этих оффшорных гаванях, которые контролируются крупными западными коммерческими банками. Последние заинтересованы в сохранении и поддержке наркоторговли.

После отмывания деньги могут быть переработаны в настоящие инвестиции, причем не только в недвижимость, гостиницы и т.д., но и в другие сферы, такие как экономика услуг и обрабатывающая промышленность. Грязные и тайные деньги также направляются в различные финансовые инструменты, включая торговлю деривативами, товарами, акциями и государственными облигациями. Внешняя политика США поддерживает функционирование процветающей криминальной экономики, в которой грань между организованным капиталом и организованной преступностью становится все более размытой.

Торговля героином не "наполняет казну Талибана", как утверждают правительство США и международное сообщество: совсем наоборот! Доходы от этой незаконной торговли являются источником создания богатства, из которого извлекают огромную выгоду влиятельные коммерческие и криминальные интересы в западных странах.

Эти интересы поддерживаются внешней политикой США. Решения, принимаемые Госдепартаментом США, ЦРУ и Пентагоном, помогают поддерживать эту высокодоходную многомиллиардную торговлю, третью по величине после торговли нефтью и оружием.

Афганская наркоэкономика "защищена". Торговля героином

была частью повестки дня войны. Война привела к восстановлению самодовольного наркотического государства, возглавляемого назначенной США марионеткой.

Мощные финансовые интересы, стоящие за наркотиками, поддерживаются милитаризацией ключевых глобальных наркотреугольников (и маршрутов перевалки), включая Золотой полумесяц и Андский регион Южной Америки (в рамках Андской инициативы).

Выращивание опийного мака в Афганистане

Год	Производство (в тоннах)	Посевы (в гектарах)
1994	71,470	3,400
1995	53,759	2,300
1996	56,824	2,200
1997	58,416	2,800
1998	63,674	2,700
1999	90,983	4,600
2000	82,172	3,300
2001	7,606	185
2002	74,000	3,400
2007	88,000	4,000

Глава 3

Фальшивая война с наркотиками

В истории всех народов есть четко определенный момент, когда можно проследить резкий спад, ведущий к неизбежному падению. Так обстоит дело с Индией, даже если вернуться к культуре Хараппы, вторжению в Индию и великим арийским культурам, созданным скифами и эллинами при Александре Македонском. Основные культурные изменения, разрушившие цивилизации в Европе, происходили по четырем основным направлениям.

➢ Из Западной Азии в Центральную и Западную Европу через Россию.

➢ Из Малой Азии в Западное Средиземноморье через Эгейское море.

➢ Из Ближнего Востока и Эгейского моря в Западное Средиземноморье по морю.

➢ От Северной Африки до Испании и Западной Европы.

И греческая, и римская цивилизации были разрушены этими течениями или их комбинацией. Безусловно, массовое перемещение людей и распространение различных культур сыграли важную роль в формировании будущего наций. Существуют явные доказательства того, что эти массовые движения были вызваны коммерческими и политическими причинами. Странные люди и культуры начали заявлять о своих "правах" в Древнем Риме. По политическим причинам упадочные римские правители согласились с этими требованиями. Нигде эта модель массового перемещения людей по политическим причинам не прослеживается так четко, как в истории Соединенных Штатов Америки. В 1933 году президент Франклин Делано Рузвельт открыл шлюзы для вторжения народов Восточной Европы, чья культура была абсолютно чужда англосаксонской христианской, нордической альпийской и ломбардской германской культуре, составлявшей основную массу населения Соединенных Штатов. Он сделал это в чисто политических целях, зная, что иностранные иммигранты будут голосовать за него и его партию.

Эта огромная приливная волна социально и культурно неассимилированных людей является результатом политических решений, принятых заговорщиками, целью которых было уничтожение христианской Америки. Эта политика продолжается и сегодня. Соединенные Штаты наводнены иностранными народами из Малой Азии, Дальнего Востока, Ближнего Востока, островов Тихого океана, Восточной Европы, Центральной и Южной Америки до такой степени, что упадок и падение Соединенных Штатов, начавшиеся в 1933 году, уже идут полным ходом.

Культурные изменения были огромными, особенно с 1933 года. Под прикрытием "толерантности" и "интернационализма" западное христианское население США было вынуждено отступить под давлением "либерализма". Компромисс стал порядком дня. Белая христианская этика, которая когда-то процветала в Соединенных Штатах, начала тонуть в море нехристианских идей, которые, если их не контролировать, сделают в Соединенных Штатах за относительно короткое время то, что было сделано в Риме.

Одной из самых дьявольских попыток разрушить западную христианскую этику тех, кого я называю коренными жителями Америки, то есть белых христиан, чьи предки были выходцами из Англии, Ирландии, Шотландии, Уэльса,

Германии, Скандинавии, Франции и Италии, был культурный хаос, который посеяла музыка рок-н-ролла, сопровождаемая массовым употреблением наркотиков, вызывающих зависимость, таких как марихуана, химикаты, героин и кокаин. Мы никогда не должны думать, что эти катастрофические культурные изменения произошли случайно. Случайность не играет никакой роли в этих потрясениях. Это факты, и факт заключается в том, что вся эта огромная культурная перемена от христианской морали к языческому декадансу была тщательно спланирована.

В многочисленных книгах, которые я написал, эти планы обнажены, и приведены имена учреждений, компаний, организаций и отдельных людей, которые несут ответственность за ужасную войну против белой христианской Америки. Среди моих книг есть следующие:

➤ Учреждения и компании заговорщиков.

➤ Черная аристократия разоблачена.

➤ Кто такие заговорщики?

➤ Скрытые лидеры Америки.

➤ Новая эра Водолея.

Это далеко не все, что я сделал для разоблачения угрозы наркотиков. Во всех моих более чем пятистах монографиях и аудиокассетах есть упоминания об этой коварной торговле и тех, кто несет за нее ответственность. Опираясь на свой огромный опыт и богатство, приобретенные в результате торговли опиумом в Китае в 18 и 19 веках, британские олигархические семьи и их американские кузены начали серьезное наступление на наркофронте против Америки сразу после Второй мировой войны. Напомню, что исследовательская работа для моей личной нарковойны проводилась в основном на месте, а моя информация почерпнута из связей в бывших спецслужбах, занимавшихся мониторингом наркоторговли в ряде стран.

В 1930-х годах один из авторитетных специалистов по

британским инвестициям за рубежом, некий мистер Грэм, писал, что британские инвестиции в Латинской Америке составляют "более триллиона фунтов стерлингов". Почему так много денег в Латинской Америке? Одним словом: наркотики. Это точно были не бананы, хотя этот фрукт сыграл определенную роль в сокрытии поставок наркотиков, спрятанных под банановыми гроздьями.

Плутократия, которая тогда держала в руках кошельки банков, - это то же самое, что сегодня управляет торговлей наркотиками. Никто никогда не поймает дворянство в Англии с грязными руками; у них есть респектабельные фасады, за которыми они действуют через подставных лиц и организации, такие как Frasers в Африке и Trinidad Leaseholds Ltd. на Карибах (крупные британские компании, зарегистрированные в Лондоне).

Во время правления королевы Виктории пятнадцать членов английского парламента контролировали обширную торговлю в Китае и Латинской Америке, и среди них были лорд Чемберлен, сэр Чарльз Барри и лорд Пальмерстон. Подобно тому, как торговля опиумом в Китае была монополией Великобритании, торговля наркотиками в Карибском бассейне, Центральной и Южной Америке, на Ближнем и Дальнем Востоке стала монополией Великобритании.

Позже, преследуя свои цели культурного разрушения Америки, некоторые из старых семей "голубой крови" Америки были допущены к участию в торговле; Томас Хэндисайд Перкинс, Делано и Ричардсоны - примеры того, что я имею в виду. Начиная с распространения опиума "миссионерами" Китайской внутренней миссии, которая в значительной степени финансировалась BEIC, опиум навязывался китайскому населению. Спрос был создан, а затем удовлетворен за счет BEIC.

Их слуга, Адам Смит, назвал это "свободной торговлей". Когда китайское правительство попыталось противостоять превращению своего народа в опиумных наркоманов,

Британия вела две крупные войны, чтобы остановить то, что она называла "вмешательством в свободную торговлю".

Во время учебы в Лондоне я познакомился с сыном семьи миссионеров, служивших в Китайской внутренней миссии. Его семья была миссионерами с XIX века. После установления довольно тесной дружбы с одной из дочерей, которая также служила в Китае, она рассказала мне, что все они курили опиум, и что это была традиция, существовавшая в их семье на протяжении многих поколений.

Торговля опиумом в Индокитае - одна из самых хранимых тайн и самых неблагородных глав в истории Западной Европы. Не следует забывать, что британская королевская семья берет свое начало в Венеции, этом левантийском кинжале в сердце Западной Европы. Роберт Брюс, узурпировавший шотландский трон, был родом из Венеции, и его настоящее имя было не Брюс. То же самое можно сказать и о так называемом "Доме Виндзоров", в действительности являющимся Домом Черных Гельфов.

Как уже упоминалось ранее, после успеха в Индии и Китае, BEIC обратил свое внимание на Соединенные Штаты, что является одной из причин, почему у нас есть так называемые "особые отношения" с британской аристократией, и действительно, многие из наших "лидеров" связаны с британской королевской семьей. Франклин Д. Рузвельт, Джордж Герберт Уокер Буш и Ричард Чейни - примеры, которые приходят на ум. Прибыльная торговля наркотиками, созданная в Китае, является одним из худших примеров эксплуатации человеческих страданий ради прибыли.

Под защитой закона о промышленном шпионаже, на который свободно ссылается швейцарское правительство, в случае разглашения информации об акциях этих двух компаний или любой другой швейцарской компании предусмотрены суровые тюремные сроки. Не раскачивайте лодку в Швейцарии, если вы не готовы столкнуться с очень неприятными последствиями! Риторику таких людей, как миссис Тэтчер и Джордж Буш, которые в основном говорят нам, что они полны решимости бороться с наркотиками, можно полностью игнорировать.

Так называемая "война с наркотиками" является абсолютно фальшивой на самом высоком правительственном уровне. Война с наркотиками не ведется и никогда не велась. Только когда британское и американское правительства начнут преследовать людей, стоящих во главе наркобизнеса, их провозглашенная "война" будет иметь хоть какой-то смысл. Это означает арест таких людей, как Кесвики, Джардины, Мэтисоны, и закрытие таких банков, как Midland Bank, National and Westminster Bank, Barclays и Royal Bank of Canada. Я не упоминаю эти имена британского высшего общества легкомысленно.

Уже в 1931 году руководители этих компаний и банков были назначены пэрами королевства. Именно сама королева Англии предоставила особое покровительство пяти крупнейшим компаниям по торговле наркотиками в Англии. Через доверенного друга я получил доступ к документам покойного Фредерика Уэллса Уильямсона, администратора India Papers. То, что я увидел, потрясло меня. Список "благородных" семей Англии и Европы, вовлеченных в торговлю наркотиками, вызвал бы бурю негодования в Великобритании и Европе, если бы эти коронованные гадюки были когда-либо раскрыты.

После Второй мировой войны поток героина грозил захлестнуть западный мир, и особое внимание уделялось Северной Америке. Эта торговля управлялась и финансировалась людьми, занимающими высокие посты. КГБ использовал его как оружие против Запада по приказу и под руководством покойного Юрия Андропова. При поддержке и финансировании КГБ на Кубе были созданы предприятия по производству кокаина и героина под руководством Рауля Кастро, брата Фиделя Кастро.

Эти факты известны правительству США, которое так и не

смогло ничего сделать, чтобы вывести из строя кубинские объекты, а его политика, похоже, оставляет Кубу "неприкасаемой". Гален, известный авторитет в области героина, должен быть прочитан каждым, кто хочет четко понимать, что такое героин и что он делает с человеческим телом. Самыми первыми зарегистрированными потребителями опиума (из которого получают героин), вероятно, были древние моголы Индии, чья династия просуществовала с 1526 по 1858 год, и чья цивилизация рухнула по мере роста производства опиума и могущества Великобритании.

На карте Индии, которую я получил из India Papers, India House, Лондон, показаны районы, где выращивался опиумный мак, и она соответствует приобретению британцами территории, начиная с 1785 года, по всему бассейну Ганга, Бихара и Бенареса. Самый качественный опиум получали из мака, выращенного в этих районах. Просто удивительно, чего смогли добиться в Индии британские опиумные лорды, правящий истеблишмент Англии.

Царственные особы и их родственники называли эту фантастически прибыльную торговлю "трофеями империи". Документы Дома Индии, называемые "Разные старые записи", оказались для меня настоящим кладезем информации. Эти документы свидетельствуют о полной вовлеченности высших должностных лиц британского правительства, королевской семьи и олигархии, в торговлю опиумом в Китае.

Эти документы показывают, что "мгновенные состояния" были сделаны "дворянством" и "аристократией" Великобритании. Иностранцы, такие как Уильям Салливан, которого судили за несанкционированное "мгновенное состояние" за счет британской Ост-Индской компании, вскоре оказались в глубокой беде. Директорами Британской Ост-Индской компании были видные члены Консервативной партии, в том числе лорд Пальмерстон и другие. У них были собственные паспорта Британской Ост-Индской компании, которые стали необходимы, если человек хотел отправиться в Китай.

Лорды и леди, владевшие британской Ост-Индской компанией, впервые попытались ввести опиум в Англии в 1683 году, но они не смогли убедить крепких йоменов и представителей среднего класса стать наркоманами. Поэтому плутократы и олигархия начали искать рынок.

Пытались использовать Аравийский полуостров, но и это не удалось, благодаря учению пророка Мухаммеда. Поэтому они обратились к Китаю и его кишащим массам, так удобно расположенному рядом с Бенгалией. Только в 1729 году китайское правительство попыталось принять антиопиумные законы, что поставило Китай на путь столкновения с Великобританией. Британскую аристократию и ее олигархическую структуру очень трудно пробить. Для людей без специальной подготовки такая задача невыполнима. Подавляющее большинство британских политических лидеров любого значения являются родственниками друг друга, причем так называемые титулы переходят к старшему сыну после смерти самого старшего члена семьи, и практически все эти семьи занимаются торговлей наркотиками, разумеется, косвенно.

Эта деталь может показаться вам несколько утомительной. Я знаю, что обнаружил это, когда читал горы документов в Лондоне и записывал информацию в свои блокноты. Когда мне не разрешали делать такие записи, моя специальная "шпионская" камера сослужила мне хорошую службу. Я предоставляю вам эту информацию, которая потребовала большого количества исследований, потому что она глубоко затрагивает Соединенные Штаты Америки.

Это часть прикрытия "особых отношений", связывающих наши собственные "благородные семьи" в наркоторговле с их британскими "кузенами". Эти "особые отношения" замаскировали неприятную ситуацию, когда чужеродный элемент, проникший в британскую аристократию, был унаследован их американскими кузенами.

Возьмем пример лорда Галифакса, посла Великобритании в Вашингтоне, который, по сути, взял под контроль внешнюю политику США до и во время Второй мировой войны, включая контроль над всеми разведывательными возможностями США. Его сын, Чарльз Вуд, женился на мисс Примроуз, кровной родственнице ужасного и презренного дома Ротшильдов, с такими именами, как лорд Свейлинг и Монтегю, связанными с королевой Елизаветой; совместного мажоритарного акционера компании Shell. Я связываю всех этих людей и их учреждения с наркоторговлей.

Одним из предков этого выводка был лорд Пальмерстон, возможно, один из самых уважаемых премьер-министров Великобритании всех времен. Он также оказался главным зачинщиком торговли опиумом в Китае. Эти "коронованные гадюки" позволили своим британским "кузенам" в Америке участвовать в этой торговле, когда им пришлось перевозить большие запасы опиума во внутренние районы Китая. Китайский комиссар Ун, отметил:

> На борту английских кораблей, которые сейчас находятся на дорогах (Макао), столько опиума, что его никогда не удастся вернуть в страну, из которой он прибыл. Продажа будет осуществляться здесь, на побережье, и я не удивлюсь, если узнаю, что он контрабандой ввозится (в Китай) под американскими цветами.

Комиссар Один так и не дожил до того момента, когда узнал, насколько точным было его предсказание и что косвенно привело к заражению США наркотиками. Мы должны посмотреть, как нас, общественность, обманывают и держат в неведении относительно происходящего.

В одном мы можем быть уверены: после прочтения этой книги ни у кого не останется сомнений, что усилия США по пресечению потока наркотиков в эту страну и прекращению наркоторговли фатально ошибочны, и что эти ошибки и неудачи являются преднамеренными.

Наше правительство не хочет, чтобы торговля наркотиками иссякла. Сильные мира сего, те, кто контролирует "наших" представителей в Конгрессе, уже давно постановили, что любая война с наркотиками будет войной притворной. Два ключевых члена правительства ушли в отставку из-за этого нежелания что-либо делать на вершине так называемой войны с наркотиками. Генеральный прокурор был вынужден уйти в отставку, так как был замечен в сговоре с мексиканским правительством, защищая его на самом высоком уровне. Президент был смещен со своего поста, потому что осмелился попытаться справиться с теми, кто несет ответственность за торговлю наркотиками. Британцы перенесли торговлю опиумом из Кантона в Гонконг, а затем в Панаму, вот почему так важно было навсегда вывести генерала Норьегу из бизнеса.

Героин шел из Афганистана в Пакистан, через пустынное побережье Маккры и Красного моря в Дубай, где его обменивали на золото. Он пришел из Ливана, из контролируемой Сирией долины Бекка, что объясняет, почему сирийские вооруженные силы так долго оккупировали Ливан; он пришел из Золотого треугольника Бирмы и Таиланда и из Золотого полумесяца Ирана, что объясняет, почему шаха сначала свергли, а затем убили, когда он узнал, что происходит, и попытался остановить это.

Эта вполне реальная война наркотиков против Соединенных Штатов является частью заговора мирового правительства, заговора, корни которого уходят в Комитет 300. История наркотиков так же стара, как и история самого человека. Заговор, направленный на свержение всех существующих правительств и религий, представляет собой тройное усилие - духовное, экономическое и политическое. Наркотики - его главное оружие. Гностицизм - это противодействие христианству. Королева Англии - гностик, как и ее муж, принц Филипп. Она включает в себя свободное употребление наркотиков, культ матери, богини земли, теософию и росикрусианцев, которые управляли китайскими опиумными бандами, известными как "Триады". Триады" получали опиум со складов британских кораблей, а затем заставляли китайских помещиков открывать опиумные притоны.

Алистер Кроули был образцом демона наркотиков в британском викторианском обществе. Именно здесь родился "рок-н-ролл", благодаря Тавистокскому институту, который создавал "рок-группы" для распространения употребления ЛСД, марихуаны и, позднее, кокаина. Мы можем этого не знать, но такие декадентские группы, как Rolling Stones, пользуются покровительством ведущих британских семей и немецкой олигархической семьи фон Турн унд Таксис. Почитаемые британские дворянские семьи уже давно участвуют в наркобизнесе через банк Гонконга и Шанхая, ласково называемый "банком Хуншань". Бизнес Гонконгского и Шанхайского банка - это наркотики, чистые и простые. Именно из этих знатных семей произошел заговор с целью убийства Авраама Линкольна, а затем и Джона Кеннеди. Они полностью доминируют в Соединенных Штатах, действуя через свои институты и общества, "вырезанные" религиозные организации. Королевская семья Англии является истинным владельцем ликерной империи Бронфманов.

В эпоху сухого закона Бронфманы были крупнейшими контрабандистами алкоголя из Канады в США. Американцы никогда не должны забывать, что эти влиятельные люди и их компании несут ответственность за огромную реку наркотиков, в которой Америка буквально тонет. Наш главный наблюдатель - Королевский институт международных отношений (RIIA). Председатель Morgan Guarantee также является членом правления RIIA.

Другие члены Совета директоров Morgan входят в состав Совета директоров Гонконгского и Шанхайского банка.

Лорд Катон входит в состав "Лондонского комитета" Гонконгского и Шанхайского банка. Именно RIIA, через сеть компаний, учреждений и банков, несет ответственность за глобальную наркоугрозу. Именно RIIA установил власть Мао Цзэдуна в Китае, а затем сделал Гонконг ведущим в мире пунктом торговли опиумом и золотом, и это положение он сохранял до недавнего расширения Дубая. Некоторое время назад я писал об австралийском конце наркоторговли и упоминал его методологию. Я получил письмо от человека, который сказал мне, что он был курьером в одной из крупнейших компаний по отмыванию денег и что моя информация была очень точной.

Австралийская компания контролировалась из Англии. Я уже упоминал об угрозе, высказанной Чжоу Энь Лаем в адрес президента Египта Насера. Оба они умерли, но слова китайского лидера стоит повторить:

> Некоторые из них (американские войска во Вьетнаме) пробуют опиум. Мы помогаем им. Вы помните, как Запад (т.е. англичане) навязывал нам опиум? Они воевали с нами с помощью опиума. И теперь мы будем сражаться с ними их же оружием. Эффект, который эта деморализация окажет на Соединенные Штаты, будет гораздо более значительным, чем все думают.

Этот разговор был записан в июне 1965 года Мохаммедом Хейкелем, весьма уважаемым бывшим редактором египетской газеты *"Аль-Ахрам"*. По всему миру разбросаны оффшорные банки, которые известны как отмыватели денег от наркотиков и связаны с Королевским институтом международных отношений. Вот список стран, в которых они расположены:

Сингапур	14
Багамские острова	23
Антигуа	5
Вест-	10

Индия	
Бермуды	5
Тринидад	6
Кайман	22
Панама	30

В этот список не входят банки RIIA, контролируемые Китаем. Список последних можно найти в банковском справочнике Полка. Списки имен выдающихся людей заполнили бы страницы. Достаточно сказать, что среди них есть самые видные представители британского общества, такие как сэр Марк Тернер, который контролирует основные банки британской королевской семьи, включая Королевский банк Канады. Именно Тернер вступил в сговор с королем Георгом III, чтобы навредить американским колонистам. Крупнейшая торговля опиумом за золото велась в Дубае Британским банком Ближнего Востока. Количество золота, проданного в Дубае, превысило количество золота, проданного в Нью-Йорке. Эта операция находится в руках сэра Хамфри Тревелина.

Мировая цена на золото "фиксируется" каждый день в офисах Н.М. Ротшильда, Сент-Свитинс Корт, Лондон. Он основан исключительно на цене опиума. В офисе Н.М. Ротшильда собрались представители южноафриканской компании Anglo American Гарри Оппенгеймера, Moccato Metals, Johnson Matthey Kleinwart Benson, Sharps, Pixley Wardley, а также члены Лондонского комитета Гонконгского и Шанхайского банка.

Между собой эти компании и их представители отражают контрольный орган торговли опиумом и героином, будь то количество, которое нужно выращивать, цена, которую нужно платить, и, наоборот, цена золота; кто должен торговать; где; и в каких количествах.

О попытках проникновения "иностранцев" быстро сообщают в частную полицейскую сеть Дэвида Рокфеллера, известную как "Интерпол", что иногда приводит к изъятию относительно небольшого количества наркотиков. Эти конфискации приветствуются мировой прессой как "крупные победы" в фальшивой войне с наркотиками. Оптовая торговля героином и кокаином проходит через следующие крупные банки. До сих пор ни одно правительство не осмелилось преследовать их, хотя доказательств их гнусной деятельности предостаточно:

США.

- Банк Новой Шотландии
- Бриллиантовые дилеры Harry Winston
- Металлы мокатто
- H.M.P. металлы
- Лёб Родс
- Энгельгардские минералы
- Дэдленд Банк
- Первый банк Бостона
- Credit Suisse

КАНАДА

- Королевский банк Канады
- Норанда Сэйлз Корпорейшн
- Канадский имперский банк торговли
- Банк Новой Шотландии
- Гонконг. Шарп Пиксли Уордли
- Компания Inchcape
- Консолидированный устав
- Гонконгский и Шанхайский банк

- Standard и Chartered Bank
- Зарубежный китайский банк
- Jardine Matheson
- Сайм, Дарби
- Бангкокский банк

БЛИЖНИЙ ВОСТОК

- Британский ближневосточный банк
- Международный банк "Барклайс", Дубай
- Барклайс Дисконт Банк
- Банк Израиля Леуми
- Hapolum Bank of India

ПАНАМА

- Банкоиберийская Америка
- Банконасиональ де Панама

АНГЛИЯ

- Национальный Вестминстерский банк
- Мидлендс Банк
- Барклайс Банк

Панама имеет большое значение в мире наркотиков, поскольку она была создана как зона торговли кокаином. С этой целью там были открыты крупные коммерческие банки. Во главе был поставлен силач Омар Торрихос, но когда он изменил свою принадлежность, его "уволили".

Когда генерал Норьега, действуя по ордеру, полученному, как он думал, Департаментом сельского хозяйства США, начал ликвидировать наркобанковскую империю Рокфеллера в Панаме, он был похищен 7000-ным военным контингентом под командованием президента Г.У.Х. Буша и доставлен в Майами для суда над ним как над крупным "наркоторговцем". Он поплатился за это тем, что был "по суду" приговорен к тюремному заключению, из которого он никогда не выйдет.

Президент Никсон думал, что он достаточно велик, чтобы справиться с торговлей героином через Францию. Он понял, что ошибался, и лишился президентства из-за своей дерзкой попытки нарушить "особые узы" между Великобританией и Соединенными Штатами.

Корпорация до сих пор хранит около 200 тонн кокаиновой пасты, в то время как известно, что Пато Пиццаро на пике своей деятельности переводил сотни миллионов долларов через панамские банки. Пиццарро был главой "Корпорации", боливийской организации, пока не был убит по приказу Медельинского картеля за попытку "сместить" их. Одним из тех, кто знал обо всем, что происходило в Панаме, но не сообщал об этом, был Альфредо Дункан, ответственный агент DEA при посольстве США. Альфредо Дункан был главным ответственным за побег Ремберто, человека, отвечавшего за отмывание денег для "Корпорации", одного из самых важных денежных людей в боливийской сети, действующей в Панаме.

Эта сеть была создана Дэвидом Рокфеллером как главный банк кокаина, так же как британцы создали Гонконг для торговли героином. Ремберто заманили в Панаму. Он ждал предполагаемой сделки, но когда Эдвин Миз, тогдашний генеральный прокурор, предупредил мексиканское правительство о том, что должно произойти, Ремберто смог сбежать, избежав ареста. Ответственный агент Альфредо Дункан получил десятки телеграмм из Управления по борьбе с наркотиками в Вашингтоне с приказом задержать Ремберто. Когда стало ясно, что птица улетела, агент DEA Альфредо Дункан обвинил ЦРУ, заявив, что оно "доставило его (Ремберто) на остров Контадора". Таким образом, было сорвано то, что могло бы стать крупным триумфом в войне с наркотиками. Вместо этого все закончилось фиаско в виде заблокированных или проигнорированных заказов. Создается четкое впечатление, что Ремберто намеренно позволили сбежать.

В ходе широко разрекламированной и ужасно дорогостоящей операции "Снежный колпак" DEA должно было отправиться в боливийские джунгли и ликвидировать огромные лаборатории по производству кокаина. С самого начала операция "Снежный колпак" была мошенническим фарсом, созданным, очевидно, для того, чтобы заставить Конгресс и американский народ поверить, что УБН добилось больших успехов в этой фальшивой войне. Операция "Сноукэп" была похожа на войну во Вьетнаме. У США нет намерения победить в ней. Мы не решаемся; игра слишком важна. Эта фальшивая война с наркотиками полна обмана, лжи и лицемерия. Короче говоря, это пустая трата времени и денег налогоплательщиков, жестокая мистификация, абсолютно бессмысленная. Как правительство США было готово пожертвовать жизнями своих солдат во Вьетнаме, зная, что мы не заинтересованы в победе над врагом, так и правительство было готово пожертвовать жизнями преданных молодых агентов DEA, многие из которых погибли при исполнении служебных обязанностей во время операции "Снежный колпак".

Подполковник Оливер Норт уже давно находится под подозрением в глазах одного из членов Сената США. Имеющаяся у меня информация о его действиях по пресечению операции с наркотиками в Колумбии заставляет меня еще больше поверить в то, что наше правительство не имело намерения победить в своей широко разрекламированной "войне с наркотиками".

В нескольких своих монографиях о наркотиках я много рассказывал о Медельинском картеле и колумбийских кокаиновых баронах. В этой связи, рискуя сделать "рекламу", скажу, что я был на переднем крае раскрытия названия "Медельинский картель" и всей колумбийской торговли кокаином в целом.

Вопреки распространенному мнению, большая часть кокаина перерабатывается не в Колумбии, а поступает из Боливии. По официальным данным DEA, 97% кокаина поступает из Боливии. Причина, по которой Колумбия привлекает все внимание, заключается в том, что боливийцы - не склонный к насилию народ, и они почти никогда не покидают Боливию, чтобы торговать. Если вы хотите купить кокаин, вам нужно ехать в Боливию.

В случае с Оливером Нортом Бобби Сил, агент под глубоким прикрытием, проникший в Медельинский картель, считал, что Норт на самом деле подкупал Даниэля Ортегу, лидера сандинистов. Он передал информацию в УБН, которое передало ее Норту. У Норта была золотая возможность вложить свои деньги туда, где находится его рот. Вместо этого он решил поставить под сомнение информацию, предоставленную Силом, чья история свидетельствует о том, что он был самым эффективным агентом DEA под прикрытием, когда-либо работавшим в Колумбии. Затем Норт сообщил УБН, что он хотел, чтобы Сил передавал деньги Контрас.

Я никогда не мог представить, почему Норт хотел убрать Сила из его динамичной роли; это был человек, который действительно вел войну с наркотиками на нашей стороне. Когда Сил отказался быть прикомандированным к Норту, он передал историю Сила в прессу. Каков был результат? Лучшая в истории операция DEA была разрушена, а Сил был убит киллерами Медельинского картеля, после того как его лишили защиты и обнародовали его адрес по решению судьи. Ты мне не веришь? После моего откровения был снят фильм, в котором эта история описана именно так, как я описал ее за 4 года до убийства Сила. Я не хочу судить подполковника Норта, но передача истории Сила шакалам американских СМИ - это предательство, сравнимое с тем, как *"Нью-Йорк Таймс"* через одного из своих журналистов, Ричарда Берта, передала Советскому Союзу наши спутниковые коды. По крайней мере, Норту предстоит многое объяснить. По моему мнению, Норт лишь на одну ступень выше "грязного мешка" - уличного сленгового термина, обозначающего информатора. Смерть Бобби Сила была очень серьезной потерей. Если бы не слушания по делу "Иран-контра", об этом прискорбном событии, вероятно, не было бы сообщено.

По моему мнению, "утечка" с Севера не была случайностью и уж точно не единичным случаем. Это не единственный случай, когда появились доказательства того, что наше правительство не в полной мере ведет войну с наркотиками. В другом колумбийском деле, связанном с Медельинским картелем, один из его главных боливийских поставщиков, Роберто Суарес, лишился 850 фунтов кокаина и двух своих главных приспешников, которые были арестованы в ходе рейда в Майами. Доход Суареса составлял миллион долларов в день, и это был стабильный доход на таком уровне. Он был скорее лидером Боливии, чем ее президентом.

Высокопоставленные представители латиноамериканского правительства неоднократно фигурировали в документах по этому делу. Вскоре после ареста двух главных "наркодипломатов" Суареса против боливийского правительства был совершен самый страшный переворот, который поддерживали DEA и ЦРУ. Переворот удался, унес тысячи жизней и сделал Боливию главным поставщиком кокаина в Колумбию. Возможно, именно поэтому обвинения с двух "наркодипломатов" Суареса, арестованных в Майами, были сняты, а залог за третьего человека был таинственным образом уменьшен, что позволило им вернуться домой в тот же день.

Помните, это были не мелкие наркоторговцы, как в ночных новостях NBC. Эти люди находились на вершине наркокартеля, поэтому не было никаких проблем с внесением залога и выездом из США. Те, кто безосновательно верит в наше правительство и нашего президента, возможно, хотели бы верить, что это был не более чем несчастный случай, но, учитывая сотни подобных случаев, когда все идет не так, как надо, как мы можем доверять нашему правительству? Очевидно, не только у меня есть подозрения. Бывший таможенный комиссар Уильям фон Рааб однажды сказал, что его ведомство больше заинтересовано в делах о контрабанде попугаев, чем в преследовании крупных наркоторговцев.

Фон Рааб стал объектом яда со стороны Конгресса, когда он обвинил все мексиканское правительство в коррупции. Факты и обстоятельства, похоже, подтверждают серьезные обвинения фон Рааба. Мексика обычно отвечает на обвинения в причастности своих высших должностных лиц к наркоторговле словами: "Предоставьте нам доказательства, чтобы мы могли расследовать ваши обвинения". Каждый раз, когда появляется возможность предоставить доказательства, таинственные силы внутри нашего правительства вмешиваются и препятствуют этому действию.

В одном из этих дел фигурировал некий Гектор Альварес, член пресс-корпуса бывшего президента Салинаса де Голтари. Альварес и другой подставное лицо, Пабло Хирон, сообщили агенту УБН под прикрытием, выдававшему себя за крупного покупателя кокаина, что он может договориться с мексиканским правительством о перевозке партий боливийского кокаина через Мексику в США. Это произошло во время предварительного обсуждения "покупки" боливийского базового кокаина. Хирон сказал, что у него есть прямая линия с мексиканским генералом Побланой Сильво, который проследит за его (Хирона) телефонным звонком.

Хирон сказал агенту DEA (который поклялся), что он был очень близок с Салинасом де Готтари. Таможенный информатор также поклялся, что ему сказали, что Альварес был частью секретной службы, которой было поручено охранять избранного президента Голтари. В этом конкретном предложении о "покупке" было задействовано шестнадцать тонн кокаина. Это было совершенно отдельно от операции "Сноукэп". Во время обсуждений в Панаме Альфредо Дункан, ответственный агент УБН в Панаме, сообщил нескольким агентам УБН и таможенным агентам, что генерал Мануэль Норьега был "человеком УБН". Это было подтверждено по крайней мере трижды в письмах Джона Лоуна, главы DEA в Вашингтоне.

Два других человека, связанных с Альваресом, были боливийцы Рамон и Варгас, которые владели кокаиновой лабораторией в Боливии, регулярно производящей 200 килограммов кокаина в месяц. В конце концов, "покупатель" из DEA, летчик-контрактник и таможенник, завоевали доверие боливийцев и были приглашены осмотреть их предприятие в глубине боливийских джунглей. То, что они обнаружили, ошеломило и поразило их.

Они обнаружили семь взлетно-посадочных полос, способных принимать 747 самолетов, а также очень большие подземные лаборатории и вспомогательные здания - удивительный комплекс, охраняемый хорошо вооруженными войсками. Сделка, в которой они участвовали, включала покупку 5 000 тонн кокаина. Однако за все годы работы Snowcap Управление по борьбе с наркотиками не приблизилось к боливийскому предприятию.

Когда секретный агент спросил Рамона и Варгаса, не боятся ли они операции "Снежный колпак", они просто рассмеялись. У Рамона и Варгаса были веские причины для уморительного настроения. Операция "Снежный колпак" была бюрократическим кошмаром. По словам Варгаса, в Боливию было отправлено не то оборудование, большая часть которого была бесполезной, и много других "ошибок". Никто в Боливии не был нисколько обеспокоен операцией "Снежная шапка". Самолеты, выделенные для Snowcap, не имели достаточного радиуса действия, чтобы достичь объектов в джунглях, а немногочисленные вертолеты совершенно не соответствовали поставленной задаче. Это был еще один из многочисленных "промахов"?

Я не верю, что это простая бюрократическая ошибка. Из информации, которую мне удалось получить, следует, что эти "ошибки" были преднамеренным саботажем. С одной стороны, огневая мощь агентов DEA не могла сравниться с военными возможностями "Корпорации".

В 1988 году УБН потратило сто миллионов долларов на операцию "Снежный колпак". Что мы получили взамен? Около пятнадцати тысяч килограммов частично переработанного кокаина!

Хотя это может показаться много, по сравнению с производственными мощностями "Корпорации" это была капля в море. Помните, что пятнадцать тысяч килограммов составляли менее трех месяцев производства боливийского кокаина. Почему мы просто не купили кокаин по гораздо более низкой цене - что мы могли бы сделать, - как секретный агент умолял всех в Вашингтоне, чтобы нам разрешили это сделать?

Ответ заключается в том, что DEA отказалось вкладывать деньги в покупку, которая не только дала бы огромное количество полностью переработанного кокаина, но и четырех высших руководителей боливийской "корпорации". Это также предоставило бы США доказательства, которых до сих пор не хватало, о причастности мексиканского правительства на самом высоком уровне.

- Почему УБН отказалось выплачивать деньги?

- Почему помощник прокурора США в Сан-Диего отказался предоставить разрешение на прослушку, которая привела бы к мексиканскому генералу Поблано Сильве, которому Гирон собирался позвонить по телефону и обвинить в крупной покупке кокаина?

- Почему генеральный прокурор Эдвин Миз

позвонил генеральному прокурору Мексики, чтобы предупредить его о предстоящей операции DEA, которая должна была вовлечь генерала Поблано Сильву в крупный заговор по распространению кокаина в Боливии?

- Таможенный комиссар Уильям фон Рааб, как сообщается, подает в отставку в отвращении от телефонного предупреждения Миза - А как насчет нашей "войны с наркотиками" в Колумбии?

Как дела у США в этой стране? Ответ заключается в том, что мы сделали в Колумбии гораздо хуже, чем где-либо еще на земле, несмотря на миллионы долларов, влитых в "войну с наркотиками" только в этой стране. Президент Г.Х.У. Буш не сделал ничего значимого в Колумбии. 25 февраля 1991 года президент Колумбии Сера Гавирия заявил, что его правительство проведет мирные переговоры с наркоторговцами и их друзьями-террористами.

Так называемые "мирные инициативы" - это не что иное, как полная капитуляция перед требованиями колумбийского наркобарона. Больше не будет разговоров об экстрадиции в США. Это стало результатом пятидневного визита Гавирии в Вашингтон, во время которого администрация Буша одобрила капитуляцию перед кокаиновыми баронами. Буш назвал этот план "мужественным и героическим". Годы, потраченные на сбор реальных неопровержимых доказательств против наркобаронов, теперь ничего не стоят; они были скомпрометированы таким образом, что их никогда нельзя будет использовать в суде.

Бобби Сил, среди прочих, погиб напрасно. С одобрения администрации Буша партизаны М19 (террористы FARC и ELN) и их кокаиновые боссы полностью контролировали 33 делегата, работавших над новой конституцией Колумбии. В общей сложности эта обязанность была возложена на 77 делегатов.

Кокаиновые бароны открыто издеваются над DEA и

Таможенной службой США, и это неудивительно. Теперь они будут развлекаться в Колумбии, мало опасаясь своего бессильного правительства, не говоря уже о Вашингтоне. Согласно копии газеты *El Spectator* от 18 февраля 1992 года, которую я получил и перевел с испанского, эта газета, похоже, единственная, у кого хватило мужества выступить против капитуляции Гавирии и Буша:

Под давлением шантажа и преступлений государство воздерживается от выполнения своей фундаментальной обязанности защищать человеческую жизнь и соглашается на переговоры, один за другим, о правовых принципах, на которых основано само существование государства.

Заявление Буша о победе в несуществующей "войне с наркотиками" вводит в заблуждение. Если бы дело не было таким серьезным, статистика администрации была бы плохой шуткой. В феврале 2004 года администрация Буша опубликовала отчет о Национальной стратегии по контролю над наркотиками, подготовленный новым наркобоссом Белого дома, бывшим губернатором Флориды Бобом Мартинесом. Мартинес получил эту должность после того, как Уильям Беннетт проиграл войну с генеральным прокурором Торнбургом. Это всего лишь еще один из тысяч случаев предоставления рабочих мест своим приближенным.

Бывший губернатор Джон Эллис Буш (Джеб Буш), сын Г.У.Х. Буша и брат Джорджа Буша-младшего, работал в штате бывшего губернатора Мартинеса в качестве министра торговли. У Джеба Буша действительно были большие проблемы, которые так и не всплыли. Его имя в связи с продажей кокаина никарагуанскому правительству было в отчете, которому подполковник Норт не поверил - и сумел скрыть. Глубоко ошибочный документ Буша полон подтасованных статистических данных. Агенты DEA в частном порядке назвали его "полным мусором".

Когда Джон Лоун еще был главой DEA, его и его агентов очень позабавило заявление Рейгана о том, что война с наркотиками "повернула за угол". Джона Лоуна уже нет, но память об этом провале еще жива. Администрация Буша с гордостью указала на чрезвычайную помощь в размере 65 миллионов долларов, предоставленную Колумбии для ее "войны с наркотиками".

Генерал-майор Мигель Гомес Падилья из Национальной полиции Колумбии заявил, что присланный материал был неправильным и что помощь подходит для обычных боевых действий, но совершенно бесполезна "в том типе войны, в котором мы сражаемся".

Неужели Америка настолько глупа? Я так не думаю. Более вероятно, что то, что произошло с колумбийским пакетом помощи, было намеренно спланированным актом саботажа.

После двадцатилетнего опыта участия в колумбийской нарковойне можно предположить, что наше правительство накопило достаточно знаний, чтобы знать, какое оборудование необходимо. В отчетах о стратегии борьбы с наркотиками не содержится никакой информации ни о наличии наркотиков, ни о количестве подтвержденных потребителей. Они также не затронули наиболее важный вопрос, а именно преследование потребителя, которое агенты DEA уже давно пропагандируют как тактику, наиболее вероятную для достижения успеха.

Неудивительно, что правительство США ничего не говорит об огромном росте потребления наркотиков! Поскольку марихуана сейчас является основной товарной культурой в 37 штатах, как остановить этот "бизнес"? Будет интересно посмотреть, что произойдет, когда в США начнут выращивать бессемянную, мощную и высококачественную марихуану под названием "синсемелия".

Пока цена кокаина превышает цену золота (5 000 долларов за килограмм), а цена героина в шесть раз превышает цену золота эквивалентного веса, искоренить наркоторговлю будет невозможно, по крайней мере, если коррупция на самом верху распространится на все ряды наркоагентств.

Управление по борьбе с наркотиками изобилует конфликтами. Созданное в 1973 году президентом Никсоном для того, чтобы избежать конфликта между Бюро по борьбе с наркотиками и опасными наркотиками и Таможенным бюро, сегодня между Таможенным и DEA существует больше ревности и конфликтов, чем когда-либо прежде. Моральный дух отсутствует. Куда нам двигаться дальше? Не факт, что очередные перестановки что-то изменят. Пока эта проблема не будет решаться сверху вниз, все усилия по пресечению потока наркотиков в Соединенные Штаты будут терпеть неудачу. Для настоящей войны нужно бить по людям, занимающим самые высокие посты в стране, и бить сильно. Я понятия не имею, кто окажется достаточно смелым, чтобы взять на себя эту задачу, но нам определенно нужен бесстрашный лидер.

Администрация потеряла контроль над ситуацией; она не знает масштабов проблемы наркотиков в стране. Сеть предупреждения злоупотребления наркотиками сообщает, что количество передозировок не уменьшается, как утверждает администрация Буша; о них не сообщается, потому что бюджеты больниц были урезаны настолько, что нет денег нанять персонал, необходимый для мониторинга случаев передозировки.

А как насчет Панамы, ведь похищение генерала Норьеги сделало эту территорию безопасной для наркоторговли? Напомню, что в 1982 году я сообщил, что Национальный банк Панамы увеличил приток долларов почти на 500%, согласно статистике, предоставленной Министерством финансов США. Только за этот год из США в Панаму утекло около 6 миллиардов долларов незадекларированных денег. Мои источники сообщают, что после похищения генерала Норьеги Национальный банк Панамы достиг рекордного уровня денежного потока. Это должно было бы обеспокоить администрацию Буша, но из Белого дома не поступало практически никаких признаков беспокойства.

Панамская банковская структура была создана Николасом

Глава 4

Панама в осаде

Чтобы полностью понять, что происходит в Панаме - регионе, жизненно важном для национальной безопасности и коммерческих интересов Соединенных Штатов Америки, - нам нужно вернуться к торговле наркотиками, сосредоточенной в Гонконге. С тех пор как британцы сделали Гонконг перевалочным пунктом для героина, город приобрел значение, которое не соответствует его более известному образу телевизионного и текстильного центра.

Если бы Гонконг был обычным торговым центром, рынок золота не переживал бы бум. Но старые аристократические и олигархические семьи Англии сделали свои состояния на перевозке опиума из Бенгалии в Китай. И оплата всегда производилась золотом.

Британцы и их взаимосвязанные старые либеральные истеблишментные семьи американского Востока, а также их сеть почтенных юридических фирм, банков, семейных брокерских и инвестиционных домов Уолл-стрит сделали с США то же самое, что они сделали с Китаем и, в меньшей степени, с западным миром. Когда "торговля" кокаином в США начала обгонять торговлю героином, Панама стала первой в мире банковской зоной, безопасной гаванью для огромных потоков наличности.

Голливудская публика сделала кокаин "рекреационным наркотиком" и популяризировала его употребление, подобно тому, как во времена "ревущих двадцатых" они восхваляли бутлегерский виски в вымышленных рассказах о моде пить пиво Бронфмана, хлынувшей из Канады в США. Спиртные бароны прошлых лет стали наркобаронами сегодняшнего дня. Ничего особенного не изменилось, за исключением того, что механизмы распространения и сокрытия стали гораздо более изощренными. Больше никаких пулеметов Томпсона, никаких крикливых мафиози в модных одеждах, которые заставили бы нас покраснеть. Все это ушло в прошлое - сегодня это образ элегантности в залах заседаний и эксклюзивных клубах Лондона, Нью-Йорка, Гонконга, Лас-Вегаса и барах Ниццы, Монте-Карло и Акапулько. Олигархия всегда сохраняет сдержанную дистанцию со своими придворными слугами; неприкасаемые, безмятежные в своих дворцах и власти.

Протокол все еще существует, как и убийства. Кокаиновая мафия по-прежнему имеет привычку "казнить", то есть убивать своим уникальным способом, тех, кто, по их мнению, предал их. С жертвы снимают нижнее белье, связывают руки, завязывают глаза и стреляют в левую часть головы. Это "фирменный знак" кокаиновых убийц; предупреждение другим, чтобы они не пытались убежать с их деньгами или наркотиками или заняться бизнесом для себя. Об умных, которым удается избежать пули убийцы, просто сообщают властям.

Большая часть того, что выдается за "задержания наркотиков", происходит благодаря информации, предоставленной крупными наркоторговцами, чтобы вывести из бизнеса новых, независимых наркоторговцев. Защита на высоком уровне не всегда срабатывает, когда "боссов" грабят, как обнаружил 25-летний сын генерала Рубена Дарио Паредеса, бывшего главы Национальной гвардии Панамы и заклятого врага генерала Мануэля Норьеги, который оказался в могиле в Колумбии, "одетый" кокаиновыми убийцами, с пулевым отверстием в левом виске.

Даже положение отца не может защитить его от гнева боссов

кокаинового картеля. Поскольку китайское правительство настойчиво стремилось получить больший кусок опиумного/героинового пирога и требовало большего контроля над прибыльной торговлей золотом и опиумом в Гонконге, высокопоставленные британские контролеры начали продвигать Панаму в качестве "альтернативы" для своих банковских операций. Панама никогда не заменит Гонконг; в действительности Гонконг контролирует торговлю опиумом и героином, а Панама - торговлю кокаином, но эти два направления в значительной степени пересекаются.

Читатели должны понимать, о чем я говорю. Я не говорю о компаниях, которые не оправдывают ожиданий, я не говорю о компаниях, которые иногда приносят огромные убытки, как, например, "хорошая" General Motors. Нет, я говорю о гигантской компании, которая из года в год получает огромные прибыли и никогда не разочаровывает своих "инвесторов".

В 2007 году объем офшорной торговли наркотиками превысил 500 миллиардов долларов в год и растет с каждым годом. В 2005 году эта цифра оценивалась DEA в 200 миллиардов долларов, что является неплохим показателем "роста" для относительно небольших "инвестиций". Эта огромная сумма наличных денег остается вне законов всех стран, поскольку безнаказанно пересекает международные границы. Ведется ли торговля наркотиками "бутлегерским" способом?[3] Путешествуют ли зловещего вида мужчины с чемоданами, полными стодолларовых купюр?

Они делают это в редких случаях, но торговля наркотиками может осуществляться только при добровольном и сознательном сотрудничестве международных банков и их союзных финансовых институтов. Это так просто. Закройте наркобанки, и наркоторговля начнет иссякать по мере того,

---

[3] "Контрабанда" или "Подпольная торговля", Ндт.

как правоохранительные органы будут набрасываться на наркобаронов, вынужденных действовать в открытую, потому что они вынуждены использовать отчаянные и, для них, опасные альтернативные методы. Другими словами, закройте крысиные норы, и вам будет легче избавиться от грызунов. Хотя отрадно видеть, как время от времени мы видим, что производятся аресты, связанные с наркотиками, и власти изымают большое количество наркотиков, это лишь капля в море по сравнению с общим объемом. Они являются результатом информации о "незарегистрированных" конкурентах. Такие "хиты" гораздо меньше, чем пресловутая верхушка айсберга. А благодаря своим частным системам разведки, которые зачастую намного сложнее, чем в большинстве небольших стран, крупные наркобароны и их банкиры обычно на несколько шагов опережают правоохранительные органы.

Путь к успешной борьбе с наркотической угрозой, которая представляет собой большую опасность для цивилизации, чем Черная смерть в Средние века, лежит через мраморные вестибюли и красиво оформленные банковские холлы всего мира. Мы подходим к проблеме с самой сложной стороны. Мы стараемся ловить операторов, а не финансистов. Британские банки веками контролировали оффшорные операции с наркотиками, так же как они контролировали торговлю алмазами и золотом, которые тесно связаны с торговлей героином.

Именно поэтому королева Виктория послала самую мощную армию в мире в то время (1899 год), чтобы сокрушить две крошечные бурские республики Южной Африки, просто чтобы получить контроль над их золотом и алмазами, которые лорд Пальмерстон, сэр Альфред Милнер и Джозеф Чемберлен рассматривали как отличный способ финансирования своего бизнеса без возможности отследить источник платежей. Это по-прежнему средство, с помощью которого в основном финансируется торговля героином в Гонконге. В конце концов, золото и бриллианты безличны.

Это объясняет, почему королева Елизавета чаще всего враждовала с миссис Тэтчер по вопросам политики. Королева хотела покончить с правительством ЮАР и его позицией по борьбе с наркотиками. Королева хотела послать туда господина Фурхопа, чтобы он управлял делами в Родезии (ныне Зимбабве). Фурхоп - настоящее имя ее курьера, более известного как "Крошка" Роуленд, который управляет гигантским конгломератом LONRHO, основным акционером которого она является через Ангуса Огилви, своего двоюродного брата. В определенном смысле и Южная Африка, и Панама находились в осаде по одним и тем же причинам.

Южноафриканцы предотвращали захват своей золотой и алмазной казны олигархической аристократией, а в случае с Панамой их драгоценную банковскую тайну разрывал генерал Норьега. Сильные мира сего не собираются допустить этих неудач! Чтобы дать представление о том, что поставлено на карту в Панаме, DEA подсчитало, что около 350 миллионов долларов в день переходят из рук в руки через телетайпные банковские переводы. Это известно как "межбанковские деньги". Около 50% межбанковских денег поступает от торговли наркотиками и направляется на Каймановы острова, Багамы, Андорру, Панаму, Гонконг и в швейцарские банки, которые управляют этим огромным потоком денег. Вследствие торговли наркотиками нам приходится сталкиваться с бременем "плавающих валютных курсов".

Этот дестабилизирующий эффект был вызван огромным объемом наличности, для обработки которого наша система не была предназначена; фиксированные валютные курсы никак не могут справиться с огромным и быстрым переводом денег по фиксированным паритетам по всему миру в течение одного дня. Экономисты" продали нам ложные обещания, когда одобрили политику "плавающих" обменных курсов, и придумали всевозможные экономические жаргоны, чтобы скрыть истинную причину, а именно огромный поток грязных денег!

Поскольку большая часть этих денег обращалась в Панаме, необходимо было иметь в Панаме актив, которому можно было бы доверить сохранение строжайшей банковской тайны. По оценкам DEA, только из США ежегодно исчезает 3 миллиарда долларов, которые попадают в Панаму. Братья Кудерт, "адвокаты мафии" восточного либерального истеблишмента, приступили к работе в лице Сола Линовица, доверенного посланника "олимпийцев". Он создал генерала Омара Торрихоса, представил и продал его американскому народу как "панамского националиста". Его штамп "сделано Дэвидом Рокфеллером" был тщательно скрыт от подавляющего большинства американского народа.

Благодаря предательству продажных слуг CFR в Сенате, таких как Деннис Де Кончини и Ричард Лугар, Панама перешла в руки генерала Торрихоса, что обошлось американским налогоплательщикам в миллионы долларов. Но Торрихос, как и многие другие смертные, вскоре забыл, кто его "создатель", и боги Олимпа были вынуждены убрать его со сцены. Торрихос был убит в августе 1981 года. По всей видимости, он погиб в авиакатастрофе, что очень похоже на тот "несчастный случай", который постиг сына Аристотеля Онассиса.

Произошло то, что неизвестный человек или люди изменили механику закрылков, так что когда они были опущены для посадки, они фактически заставили самолет лететь вверх. Торрихос был первоначально выбран Киссинджером, как мы уже привыкли. Когда он начал серьезно относиться к своей роли панамского "националиста", а не марионетки, которой его назначили, ему пришлось уйти. Киссинджер добился назначения себя главой президентского двухпартийного комитета по Центральной Америке - еще одно из невыполненных обещаний Рейгана. Это укрепило его хватку на Панаме, или так он думал.

Мы должны смотреть на Панаму глазами Троянского коня, то есть мы должны смотреть на Центральную Америку так, как ее видел план Киссинджера "Анды" - охотничье поле для тысяч американских войск. Приказ Киссинджера заключался в том, чтобы начать еще одну "вьетнамскую войну" в регионе. Панама занимала центральное место в этом плане. Но у Торрихоса были другие идеи. Он хотел присоединиться к группе Contadora, которая стремилась обеспечить стабильность и решить проблему бедности в регионе посредством реального промышленного прогресса. Сейчас я не являюсь приверженцем Контадораса; есть много областей, в которых я расхожусь с ним. Но нельзя отрицать, что Контадоры, в общем и целом, привержены борьбе с наркоэкономикой, запланированной для Центральной Америки по аналогии с экономикой ганджи на Ямайке.

Эта идея "свободной торговли" поддерживается членами Общества Мон Пелерин, включая венесуэльского Сиснероса и венецианский фонд Чини. По этой причине и за угрозу разоблачения банковской системы Рокфеллера в Панаме Торрихос был "навсегда обездвижен", что на языке секретных служб означает "убит".

Как я уже говорил, речь идет не о мелких наркодилерах или уличных торговцах, которых Голливуд любит изображать как наркоторговцев. Мы говорим о крупных банках и финансовых учреждениях; мы говорим о людях, занимающих высокие посты; мы говорим о странах, которые поддерживают и укрывают наркобаронов, таких как Куба; и мы говорим об организации, настолько сильной и могущественной, что она поставила на колени целую страну - Республику Колумбия.

Я напишу о соучастии Госдепартамента США в препятствовании войне с наркотиками. Я напишу о невероятно глупом ответе Нэнси Рейган "Просто скажи "нет"" на эту угрозу. По сравнению с тем, что происходит сегодня, объем героина, который проходил через "Французскую связь", был сущей мелочью. Однако мы никогда не должны упускать из виду тот факт, что бывший президент Ричард Никсон был единственным президентом, который твердо решил проблему наркоугрозы для

Соединенных Штатов. За свою дерзость в борьбе с наркоторговлей сверху вниз он был снят с должности, опозорен, осмеян и унижен в результате Уотергейтской аферы, как урок и предупреждение для тех, кто последует его примеру. Для сравнения, "война с наркотиками" президента Рейгана была простым щелчком руки! Круг инсайдеров", который основал Королевский институт международных отношений, не изменил своего направления. Стоит повторить, что торговля наркотиками жестко контролируется потомками и семьями, состоящими в этом внутреннем тайном обществе, которое ведет свою родословную от лордов Альфреда Милнера, Грея, Бальфура, Пальмерстона, Ротшильда и других, находящихся на вершине социальной пирамиды Америки.

Их банки и банки США - это не мелкая сошка. Фактически, малые банки были ликвидированы или ликвидируются с помощью, добровольной или иной, Министерства финансов США. Это особенно очевидно во Флориде, где, начиная с 1977 года, крупные банки, такие как Standard and Chartered Bank, Hapolum Bank, хорошо известные своим участием в отмывании грязных наркоденег, переехали во Флориду, туда, где "действие". Затем "большие парни" начали осуждать мелкие банки, которыми пользовались мелкие независимые торговцы кокаином. Помните, что у наркомонополий есть своя очень эффективная разведывательная сеть. Казначейство преследовало мелкие банки, но оставило в покое крупные. Когда крупные банки попадаются, что случалось несколько раз, к ним относятся с величайшим снисхождением.

Это иллюстрируют случаи Credit Suisse в Женеве и First Bank of Boston. Самый уважаемый банк Бостона был пойман на отмывании денег от наркотиков в сотрудничестве с Credit Suisse. Против First National было выдвинуто около 1200 отдельных обвинений. Министерство юстиции объединило все обвинения в одно, и банк отделался небольшой пощечиной - штраф составил всего 500 долларов! Credit Suisse не был привлечен к ответственности Министерством юстиции или Казначейством! Credit Suisse остается одним из крупнейших и наиболее эффективных банков по отмыванию денег после American Express - "неприкасаемых" банковского мира.

Другими крупными банками, вовлеченными в прибыльную торговлю грязными наркоденьгами, были National Westminster, Barclays, Midlands Bank и Royal Bank of Canada. Королевский банк Канады и Национальный Вестминстерский банк были основными банкирами наркобаронов на Карибских островах в рамках широко разрекламированной "Инициативы Карибского бассейна" Дэвида Рокфеллера. Через МВФ Киссинджер приказал Ямайке выращивать "для свободного предпринимательства" ганджу (марихуану), которая сегодня составляет большую часть валютных поступлений Ямайки. То же самое произошло в Гайане, поэтому Джим Джонс переехал туда - за исключением того, что Джонс не знал об истинной цели своих кураторов. В ходе масштабного эксперимента по промыванию мозгов по типу Вакавилля Джонс так и не достиг своей цели. Он умер в полном неведении о том, кто дергал его за ниточки.

Ямайка - лишь одна из стран, живущих на деньги от наркотиков. Когда он был главой Ямайки, Эдвард Сига нагло заявил американским газетам, включая *Washington Post*, что независимо от того, будет это принято или нет, "индустрия, как таковая, здесь и останется". Его просто невозможно искоренить. Я ничего не имею против фразы "здесь, чтобы остаться". Используя рок-н-ролльную "музыку" как средство распространения "рекреационных наркотиков" и охраняясь на самом высоком уровне, наркоторговля, похоже, действительно обречена на сохранение.

Это не означает, что его нельзя устранить. Первыми шагами в программе искоренения рок-н-ролла, на мой взгляд, должны стать нападение на его главные банки и принятие закона, согласно которому продажа рок-н-ролла во всех его формах - кассеты, пластинки и т.д., а также пропаганда рок-концертов - будет считаться уголовным преступлением, наказуемым серьезными тюремными сроками.

Одним из побочных результатов "войны в мясорубке" между Ираном и Ираком стало резкое увеличение продажи героина, из которого получают диацетилморфин. Большая часть доходов от этой торговли попала в панамские банки - "пересечение" с Гонконгом, о котором я упоминал ранее.

В Иране официально насчитывается 2,6 миллиона героиновых наркоманов, 1,5 миллиона из которых служат в армии, где зависимые солдаты могут получить героин по первому требованию. Следует напомнить, что британская олигархия пыталась провести такую же операцию во время Войны между штатами, Гражданской войны, но не добилась успеха. Героиновые деньги не только подпитывали войну в Персидском заливе, они также подпитывали экипировку "борцов за свободу" - термин, использованный Джорджем Шульцем для описания убийц Африканского национального конгресса (АНК), баскских сепаратистов (ЭТА), Ирландской республиканской армии (ИРА), сепаратистского движения сикхов, курдов и т.д. Средства от продажи опиума и кокаина поступают в эти террористические организации через Всемирный совет церквей.

Из вышесказанного понятно, почему Панама так важна для наднациональных сил единого мира. Банковская система Панамы была создана Дэвидом Рокфеллером, чтобы стать удобным банковским хранилищем для денег наркоторговцев. Панама была назначена банковским центром для кокаина, а Гонконг оставался центром для героина и опиума. Банковская система Панамы была реструктурирована в соответствии с планом Рокфеллера Николасом Ардито Барлеттой, бывшим директором Всемирного банка и директором Marine Midland Bank, который был поглощен королем наркобанков, Hong Kong and Shanghai Bank, Барлетта был принят из-за его "респектабельного" имиджа и опыта работы с большими суммами наркоденег. В 1982 году Министерство финансов подсчитало, что Национальный банк Панамы увеличил свои долларовые потоки почти на 500% в период с 1980 по 1984 год. Только за этот четырехлетний период из США в Панаму поступило около 6 миллиардов долларов незадекларированных денег.

Бывший президент Перу Алан Гарсия, который вел тотальную войну против наркобаронов, 23 сентября 1998 года выступил в Организации Объединенных Наций по этому вопросу и перечислил успехи и победы Перу в войне с наркотиками. Он продолжил:

> Поэтому мы можем спросить администрацию США, если мы сделали это за пятьдесят дней, что она делает для прав человека, который терпит крах на Центральном вокзале и во многих других местах, и когда она будет бороться законными и христианскими методами за искоренение потребления?

Ответ миссис Нэнси Рейган был "Просто скажи "нет", но это не ответ на косвенное обвинение президента Гарсии в том, что Соединенные Штаты делают гораздо меньше, чем могут, чтобы искоренить бедствие наркотиков. Однако многие так называемые "экономисты" по-прежнему призывают к легализации этой мерзкой торговли во имя "свободной торговли".

Среди них Диего Сиснерос, который является членом Общества Мон Пелерин, так называемой консервативной организации, продвигающей теорию "свободной торговли". После убийства Омара Торрихоса в августе 1961 года (его убили, потому что он решил проигнорировать приказ Генри Киссинджера и проявил явные признаки того, что будет действовать самостоятельно), контроль над Панамой взял на себя силач генерал Рубен Паредес. Но в феврале 1981 года он поступил неправильно, пригрозив выслать посла США из Панамы за вмешательство во внутренние дела страны. Киссинджер передал послание Паредесу.

Удивительным образом генерал Паредес вдруг стал

поддерживать план Киссинджера по превращению Центральной Америки в еще один Вьетнам для американских военных, отказавшись от поддержки политики Контадоры. Хотя у нее было много недостатков, Группа Контадора была в корне осведомлена о "троянском коне" Киссинджера в Центральной Америке, и она работала над тем, чтобы предотвратить развитие в регионе конфликта, подобного вьетнамскому. Генри Киссинджер и Госдепартамент США ранее рекламировали Паредеса как "панамского националиста, стойкого антикоммунистического друга Америки".

Во время спонсируемого Киссинджером визита в Вашингтон Паредеса сопровождал сам Киссинджер. Через шесть месяцев после убийства Торрихоса генерал Паредес принял командование Национальной гвардией. После этого Паредес открыто восхвалял колумбийских террористов FARC и саботировал усилия Контадоры по достижению мирного решения проблем региона. Он также приложил все усилия, чтобы заручиться дружбой Анульфо Ариаса, которого *Washington Post, New York Times* и, что удивительно, сенатор Джесси Хелмс, изображают законным наследником руководства Панамы, чей пост якобы был узурпирован генералом Норьегой. Любопытно, что во время слушаний по договору о Панамском канале шакалы СМИ ничего не сказали об узурпации Торрихосом "законного" положения Анульфо Ариаса! Было много глупостей о том, что Ариас - "нацист" и поэтому недостоин возглавлять Панаму. Подобная антинемецкая пропаганда не заслуживает комментариев.

Несмотря на безжалостную казнь его 25-летнего сына и двух других панамских "деловых партнеров" убийцами, работающими на кланы Очоа и Эскобар, в стиле кокаиновой мафии, Паредес остался верен наркобаронам и их банковской сети. Потеря панамской поддержки стала ударом по устремлениям Контадораса. Это означало, что Панама останется "широко открытым" центром для финансирования продаж оружия в регион, включая оружие, поставляемое Израилем по соглашению между местным руководством и покойным Ариэлем Шароном, бывшим деловым партнером Киссинджера.

В дополнение к угрозам, которыми известен Киссинджер, МВФ сыграл свою роль в шантаже Паредеса. Мои источники говорят мне, что Киссинджер дал понять, что соглашение МВФ stand-by о реструктуризации долга Панамы в 320 миллионов долларов может оказаться недействительным, если Паредес рассорится со своим хозяином. Паредес "получил сообщение". МВФ немедленно начал борьбу с генералом Норьегой, который 22 марта 1986 года в телевизионном обращении к панамскому народу заявил, что МВФ душит Панаму.

Президент Эрик Дельвиль, к сожалению, поддержал меры жесткой экономии МВФ, которые были призваны ослабить поддержку Норьеги профсоюзами. Затем профсоюзная федерация CONATO начала угрожать разрывом с генералом Норьегой, если диктат МВФ не будет проигнорирован.

Генерал Мануэль Норьега, будучи еще полковником Норьегой, возглавлял панамское управление по борьбе с наркотиками и в течение десяти лет боролся за то, чтобы Национальная гвардия Панамы была свободна от коррупции, которая следует за наркоденьгами так же уверенно, как день следует за ночью. Поскольку семьи Очоа и Эскобар практически контролировали Панаму, эта задача была не из легких. Войну Норьеги с наркотиками подтверждает Джон К. Лоун, глава Агентства по борьбе с наркотиками (DEA). Лоун не был известен тем, что произносил цветистые речи или писал поздравительные письма. Поэтому его письмо генералу Норьеге тем более примечательно, что в нем содержится безостановочная похвала.

Ниже приводится выдержка из письма, которая отражает манеру и стиль, в котором оно написано:

Я хотел бы воспользоваться этой возможностью, чтобы еще раз выразить свою глубокую признательность за принятую вами активную политику борьбы с незаконным оборотом наркотиков, которая отражается в многочисленных высылках из Панамы обвиняемых наркоторговцев, крупных изъятиях кокаина и химических веществ-прекурсоров, которые были произведены в Панаме, и искоренении выращивания марихуаны на панамской территории.

Ни *Washington Post,* ни *New York Times* не сочли нужным перепечатать эту хвалебную статью из газеты в Перу. Я вернусь к теме DEA и Джона К. Лоуна позже, поскольку она имеет центральное значение.

Единственное, что сделала газета *Washington Post* в противовес этому прекрасному свидетельству, это опубликовала неправду своего так называемого "эксперта по разведке" Сеймура Херша, который написал статью, в которой утверждал, что генерал Норьега был "двойным агентом" ЦРУ, снабжая его информацией, которую он получал с Кубы. Это хорошо известная уловка настоящих специалистов по разведке. Целью этих "разоблачений" было бы подстрекательство убийц из кубинской секретной службы DGI к убийству генерала Норьеги под предлогом того, что он "удвоил Кубу". Это отвлекло бы внимание банды Киссинджера и банкиров, если бы покушение было успешным. Информация и рассказы Херша часто были не очень точными, и "разоблачение" Норьеги следует рассматривать как то, чем оно было: возможная подстава для покушения на генерала Норьегу.

Норьега отбивался всеми имевшимися в его распоряжении скудными ресурсами. Но следует отметить, что любые действия против наркоторговли опасны.

Панама - это пример того, какие контрдействия способен предпринять сильный враг. В Карибском бассейне и Панаме силам по борьбе с наркотиками противостоял консорциум, состоящий из юридической фирмы Coudert Brothers в лице Сола Линовица. Среди других членов консорциума были Фидель Кастро, Дэвид Рокфеллер, Генри Киссинджер и Международный валютный фонд (МВФ), а также ряд крупных банков и Государственный департамент США. План Киссинджера в Андах был сорван генералом Норьегой, и он попал под огонь за свою позицию по борьбе с наркотиками. Исход "панамского дела" был предсказуем. Инициатива Рокфеллера по Карибскому бассейну означала передачу наркоимперии стоимостью не менее 35 миллиардов долларов в год Фиделю Кастро, который не собирался отдавать ее без боя.

В Колумбии Дэвид Рокфеллер и Киссинджер создали "государство в государстве", где Карлос Ледерер - вплоть до своего ареста - был главарем кланов Очоа и Эскобар, которые правили практически всей страной. В центре Боготы половина городских судей была казнена частной партизанской армией наркобаронов MI9, также известной как FARC.

Нападение было актом чистой анархии, который оставил Колумбию в состоянии оцепенелого страха. Что стояло за этой бешеной активностью, которая на самом деле была революцией? Это были просто деньги, волны и волны денег, перетекающие в оффшорные гавани в Карибском бассейне и Панаме. По оценкам DEA, только в Колумбии за период с 1980 по 2006 год было накоплено 39 миллиардов долларов наличными. DEA и Казначейство считали, что Панама стала банковской столицей кокаинового мира, и я не спорю с этой оценкой. В 1982 году Министерство финансов сообщило, что Национальный банк Панамы стал главным расчетным центром для долларов, полученных от наркоторговцев, причем в период с 1980 по 1988 год его денежный поток увеличился в шесть раз.

Панама, до прихода к власти генерала Норьеги, также была излюбленным местом встреч наркоторговцев. Лопес Микельсон, предложивший погасить внешний долг Колумбии доходами от продажи кокаина, если колумбийское правительство "легализует" положение наркосемей, совершенно свободно действовал из Панамы, где часто встречался с Хорхе Очоа и Пабло Эскобаром.

Известно, что эти видные члены колумбийского наркокартеля заключили сделку с Родриго Ботера Монтойя, министром финансов Колумбии с 1974 по 1976 год, который организовал "открытое окно" в Центральном банке, где можно было свободно и открыто обменивать наркодоллары без каких-либо проблем с властями. Это "окно" никогда не было закрыто! Оно более известно под разговорным названием "ventanilla siniestra", буквально "зловещее окно". Именно через это "окно" Фидель Кастро получал огромные суммы долларов США.

Знали ли власти США о деятельности Ботеры? Конечно, были. Ботера был членом престижного Аспенского института, Фонда Форда и бывшим сопредседателем Межамериканского диалога. Он был хорошо знаком с обходительным Эллиотом Ричардсоном, которого лучше всего помнят по преследованию и предательству президента Ричарда Никсона после Уотергейтского скандала. Менее известно, что Эллиотт Ричардсон, весьма уважаемый бостонский брамин, был адвокатом покойного Сайруса Хашеми. Хашеми был оружейником номер один в оружейной сделке Картера и Хомейни 1979 года.

Ричардсон был официальным представителем и юридическим советником марксистского правительства Анголы. Он также принимал активное участие в скандальном сокрытии загадочных смертей девяти психических пациентов в зловещем учреждении Бриджпорта, которое до сих пор не расследовано. Связи Ричардсона с наркоторговлей можно увидеть через лобби, выступающее за борьбу с наркотиками, - Институт свободы и демократии, который он помог основать в Лиме, Перу, в 1961 году.

Учитывая большое количество имен, которые фигурируют в разворачивающейся панамской трагедии, представляется уместным перечислить основных действующих лиц и институты, вовлеченные в нее - особенно врагов Норьеги, которые были многочисленны и влиятельны, как показывает следующий список:

Элвин Уиден Гамбоа

Этот панамский адвокат, курьер наркобаронов, вместе с двумя другими противниками Норьеги, Уинстоном Роблесом и Роберто Айзенманном, создал Партию народного действия (РАРО), оппозиционную партию, защищающую права человека. Все они были решительно настроены против Сил обороны Панамы и регулярно получали щедрые похвалы от американской прессы "Шакал" и Госдепартамента как члены "альтернативного демократического правительства" Панамы.

Сезар Трибалдос

Он принимал активное участие в отмывании денег для колумбийских кокаиновых баронов. Он является и был координатором движения "Гражданский крестовый поход" вместе с Роберто Айзенманном, владельцем газеты *La Prensa* и членом РАРО. Он также входил в состав правления банка Banco Continental.

Рикардо Трибальдос

Он был обвинен в попытке ввезти в Панаму огромное количество химического вещества-прекурсора - этилового эфира (ацетона), основного химического вещества, используемого для очистки кокаина. Рикардо организовал эту операцию в 1984 году в преддверии того, как колумбийцы Очоа и Эскобар откроют в Панаме крупную лабораторию по переработке кокаина.

Роберто Айзенманн

Роберто Айзенманн был владельцем газеты *La Prensa* и, в то время, влиятельным сотрудником Государственного департамента США. Он занимал видное место в предложенном "альтернативном демократическом" правительстве Панамы. Айзенманн ненавидит Норьегу за ликвидацию одной из крупных операций Хорхе Геноа и закрытие банка First Interamerica Bank, который в 1985 году нарушил панамские банковские законы. Это оставляет Айзенмана и его коллег в недоумении.

Никто не ожидал, что будут предприняты серьезные действия против международного сообщества, контролирующего 80% экономики Панамы и создавшего "Швейцарию в Панаме" после изменений, внесенных Николасом Барлеттой. Поэтому это элитное сообщество наркоторговцев и банкиров было ошеломлено, когда Норьега предоставил эту информацию DEA, что привело к аресту великого кокаинового барона Хорхе Очоа в Испании. Панамский истеблишмент был потрясен этими событиями.

Айзенман стал ярым критиком Норьеги, обвиняя его в разрушении экономики Панамы и даже обвиняя его в причастности к торговле кокаином, хотя на самом деле именно Айзенман тесно сотрудничал с колумбийскими кокаиновыми баронами. Айзенман был частью группы наркобаронов, банкиров, юристов и редакторов газет, чья продемократическая риторика была призвана замести следы, которые, если бы правда всплыла, привели бы их прямиком к отмыванию грязных кокаиновых денег. Айзенман, который руководил атакой на Норьегу в течение 12 лет, был первым выбором Госдепартамента США для руководства правительством, которое он намеревался поставить у власти после отстранения Норьеги. Некоторые читатели могут отнестись к этой информации скептически, но я уверен, что моя информация выдержит любую проверку, потому что она подкреплена надежными фактами. В 1964 году Айзенманн был разоблачен как человек, стоявший за покупкой банка Dadeland Bank в Майами, через который синдикат Фернандеса отмывал свой кокаин и марихуану, что является достаточным доказательством того, что банки по праву могут быть расследованы DEA. Но этого не произошло.

Синдикат Фернандеса, обвиняемый в 1984 году, хранил большие суммы наличных денег, полученных от торговли наркотиками, в хранилищах, арендованных у банка, прежде чем перевести их в Панаму, и судебные документы показывают, что синдикат владел большинством всех акций, выпущенных в Dadeland Bank Айзенмана. Однако именно Уиден, Айзенманн и Фернандес конкретно обвинили Норьегу в связях с наркобаронами. После огласки синдикат Фернандеса перевел свои грязные деньги из Dadeland Bank в Banco de Iberoamerica, названный в обвинительном заключении одним из 15 панамских банков, которые он использовал. Позже Айзенманн поклялся, что не знал, что его Dadeland Bank использовался для отмывания денег от наркотиков.

Карлос Родригес Милиан

Этот замечательный курьер Ледерера, Эскобара и братьев Очоа получал зарплату в 2 миллиона долларов в месяц, пока не был арестован агентами DEA по наводке своего заклятого врага, генерала Норьеги. В его обязанности входил контроль и доставка огромных сумм наличных денег, полученных от наркотиков, в Bank of America, First Boston и Citicorp, среди прочих, для целей отмывания.

На слушаниях в подкомитете по наркотикам комитета Сената по международным отношениям 11 февраля 1988 года ход слушаний был направлен на очернение и очернение имени генерала Норьеги. Милиан был доставлен из тюрьмы, где он отбывает 43-летний срок за предпринимательскую деятельность, связанную с наркотиками, для дачи показаний против генерала Норьеги. Но он сорвал заседание и напугал членов комитета, рассказав, что доставил огромные суммы долларов, полученных от наркотиков, в несколько американских банков. Его неожиданные и незаслуженные откровения под присягой были полностью скрыты шакалами американских СМИ.

Подполковник Джулиан Мело Борбуа

Демобилизованный с позором из Панамской национальной гвардии в 1964 году, Борбуа стал одним из главных свидетелей против Норьеги. Еще будучи в Национальной гвардии, он познакомился в Колумбии с братьями Очоа, которые дали ему работу и заплатили 5 миллионов за открытие кокаиновой лаборатории в Дарьене, в панамских джунглях; за получение надежных складских и транзитных помещений и безопасного жилья для продаваемого оружия, в основном израильского происхождения, и за установление договоренностей с различными банками для облегчения потока денег от этих незаконных операций. Соотечественниками, участвовавшими в этом проекте, были Рикардо Трибалдос, человек, которому было предъявлено обвинение в попытке ввоза этилового эфира в Панаму, и некий Габриэль Мендес.

Трибальдос и Мендес поняли, что находятся в бегах, когда люди Норьеги начали уничтожать крупные партии этилового эфира кислоты, а также обнаружили и уничтожили крупную лабораторию по производству кокаина. Под руководством нераскрытых лиц Трибальдос, Мендес и Борбуа планировали массовое бегство капитала из Панамы.

План предусматривал нападение и клеветническую кампанию против армии и, если возможно, убийство Норьеги. Но прежде чем это было осуществлено, Панамские силы обороны (PDF) обнаружили заговор и арестовали троицу. Мендес и Трибальдос обвиняются в торговле наркотиками и заключаются в тюрьму, но панамский суд освобождает их при подозрительных обстоятельствах. Борбуа был уволен из ПДФ с отличием. Все они стали активными членами фронта "Гражданский крестовый поход", созданного для свержения генерала Норьеги.

Гражданский крестовый поход

Эта фронда Айзенмана и его помощников предназначалась исключительно для использования против генерала Норьеги. Его спонсорами были компании Eisenmann, Barletta, Tribaldos, Castillo and Blandon, Elliott Richardson, Norman Bailey и Sol Linowitz. Гражданский крестовый поход был создан в Вашингтоне в июне 1987 года, и для его руководства был нанят Льюис Галиндо, самопровозглашенный "международный представитель панамской оппозиции Норьеге".

Галиндо имеет безупречные связи с фракцией Шульца в Госдепартаменте и либеральным истеблишментом Восточного побережья через Трехстороннюю комиссию и Сола Линовица, одного из самых доверенных слуг Олимпиады и партнера в престижной юридической фирме Coudert Brothers. Это та же юридическая фирма, которая должна была предать Соединенные Штаты, уступив суверенную территорию США Панаме, что запрещено Конституцией США. Галиндо также имел безупречные связи с бывшим президентом Колумбии Альфонсо Лопесом Микельсоном, которого агенты наркоразведки считали человеком, контролировавшим торговлю кокаином и марихуаной в Колумбии в период его пребывания на посту с 1974 по 1978 год.

Братья Роблес

Иван Роблес и его брат Уинстон являются ведущими адвокатами в Панаме. Своей дурной славой они обязаны боссам кокаиновой торговли и их банкирам. Уинстон Роблес является соредактором газеты Роберто Айзенмана La Prensa, которая имеет доказанные связи с банком Фернандеса-Дэдленда. Международный юридический справочник дает правильное название юридической фирмы: Martindale-Hubbell, Robles and Robles. Айзенман де Ла Пренса, также доказанный владелец одной трети Dadeland Bank, с его неблаговидными прошлыми связями с синдикатом Фернандеса, был выбран бывшим госсекретарем Джорджем Шульцем и Госдепартаментом в качестве замены генерала Норьеги.

Эти "переговоры" были связаны с абсолютно ложными обвинениями в торговле наркотиками, выдвинутыми против Норьеги большим жюри Майами, штат Флорида, 5 февраля 1988 года. Это обвинительное заключение еще раз подчеркивает настоятельную необходимость для американского народа избавиться от архаичного и феодального придатка нашей правовой системы - "Большого жюри". Последняя информация о "переговорах" - заявление Джорджа Шульца:

> У нас было много переговоров с ним (Норьегой), но мы пока не достигли соглашения о том, что обвинения против Норьеги будут сняты, если он добровольно откажется от них.

Адмирал Джон Пойндекстер

Ложные обвинения против Норьеги возникли в результате неудачной миссии Пойндекстера по принуждению генерала к отставке. Миссия Пойндекстера от имени Шульца была созвучна жестокому посланию президента Рейгана с требованием избавиться от президента Маркоса, переданному сенатором Полом Лаксалтом, который сыграл роль Иуды гораздо лучше, чем Пойндекстер. Миссия Пойндекстера положила начало нынешней войне, которую ведут наркобароны, банкиры, юристы и их американские союзники, чтобы избавить Панаму от угрозы их существованию, исходящей от энергичного проведения антикокаиновых законов и банковской политики под руководством генерала Норьеги и PDF. В телевизионном интервью Майку Уоллесу Норьега дал понять, что Пойндекстер пришел как хулиган, требуя, чтобы Панама подчинилась колониальным требованиям олимпийцев ("Комитет 300").

Я не был против вторжения американских вооруженных сил в Никарагуа, но еще одна война вьетнамского типа сыграла бы только на руку правительству одного мира и предателям внутри наших границ. Пойндекстера поддержали американские СМИ, которые дошли до того, что выступили за ликвидацию Норьеги силой. Ответив на угрозы Пойндекстера твердым отказом, Норьега понял, что дело решено. Поэтому он стремился заключить союз с перонистами и заручиться их поддержкой. На встрече с лидерами перонистов в Мар-дель-Плата, Аргентина,

Норьега и его делегация офицеров среднего звена получили заверения, которых они ожидали. Но вскоре были приняты контрмеры, чтобы напугать аргентинцев. Британские войска провели "учения" на Фолклендских островах, чтобы показать, что произойдет, если Аргентина вмешается в дела Панамы, а генерал Джон Кельвин, глава Южного командования армии США, встретился с министром обороны Аргентины Орасио Хуанареной. Очевидно, что встреча была посвящена британским угрозам и растущей напряженности между двумя странами из-за Фолклендов.

Генерал Галвин строго предупредил Хуанарену, чтобы тот не вмешивался в дела Панамы. Миссию Гэлвина в Буэнос-Айресе по праву можно сравнить с миссией генерала Хаузера в Тегеране в то время, когда бывший президент Джимми Картер предавал шаха Ирана.

Антинаркотическая операция DEA, последовавшая за трехлетним расследованием под кодовым названием "Операция "Рыба", показала, что наркобароны и их сторонники получали огромные прибыли. До 1985 года никто всерьез не беспокоился о них. Но в 1985 году, когда до этого казалось смутной возможностью, что редко используемые законы могут стать проблемой, с которой можно справиться путем запугивания, взяточничества и коррупции, Норьега показал, что его нельзя запугать или купить, и что он настроен серьезно.

Операция "Рыба" привела к закрытию 54 счетов в 18 панамских банках и изъятию 10 миллионов долларов и большого количества кокаина. Позже было установлено, что банки были предупреждены некоторыми членами PDF и смогли перевезти большие суммы наличности до того, как на них был совершен налет. За этим последовало замораживание еще 85 счетов в банках, депозиты которых, как считалось, были испачканы кровью и кокаином, - акция, проведенная Силами обороны Панамы (PDF). Пятьдесят восемь крупных колумбийских, американских и несколько кубинско-американских "бегунов" были арестованы и обвинены в незаконном обороте наркотиков. Операция "Рыба" стала возможной благодаря принятию панамского закона № 23, который предвещал, что ожидает наркоторговцев в будущем. *La Prensa* с горечью жалуется, что панамские силы обороны проводят рекламную кампанию против наркотиков от имени правительства США, кампанию, которая "опустошит панамский банковский центр".

Хосе Бландон

Это случай Хосе Бландона, которого консорциум по борьбе с наркотиками развернул на 180 градусов. Какая роль отведена Бландону в войне против антикокаиновых сил?

Он был нанят для получения так называемой "международной поддержки" фракции Эллиотта Ричардсона-Сола Линовица, которая пыталась сместить генерала Норьегу. При этом Бландон проявил себя как лицемерный и беспринципный лжец. Бландон служил в Социалистическом интернационале Вилли Брандта (также известном в некоторых кругах как Товарищество). Прежде чем занять пост главного обвинителя Норьеги, Бландон, который был генеральным консулом Нью-Йорка в Панаме, 11 августа 1987 года выступил по панамскому телевидению в поддержку Норьеги. Он яростно нападал на силы, противостоящие генералу Норьеге, характеризуя их враждебность как кампанию, направленную в основном на ликвидацию Хосе Бландона.

Давайте подробнее рассмотрим представителя Госдепартамента по "Панаме". Вскоре после его выступления по телевидению в поддержку Норьеги, фактически менее чем через месяц, Бландон был схвачен восточным либеральным истеблишментом в лице Шульца, Киссинджера и Эллиота Абрамса, и ему было сказано прекратить поддерживать не ту лошадь. По данным разведки, Бландон не знал, что ждет Норьегу в будущем. Ему было прямо сказано "присоединиться к команде победителей" или быть отодвинутым на второй план, когда будет сформировано "новое правительство". Бландон, всегда отличавшийся эгоизмом, не теряя времени, сменил курс и вскочил на подмостки, чтобы "поймать Норьегу". Вскоре после перехода на другую сторону Бландон объявил, что он "собирает поддержку международного сообщества против генерала Норьеги".

В связи с этим он был уволен с консульских обязанностей. Ни одно правительство не может позволить себе, чтобы его чиновники вступали в сговор с "иностранными силами, выступающими за его свержение". Бландона сразу же поддержали Госдепартамент и американские СМИ. Доктор Норман Бейли представил его как уважаемого высокопоставленного панамского чиновника, который располагал поистине поразительной информацией о предполагаемом "наркотрафике" Норьеги. Я не могу быть полностью уверен, что Бландон не получал немедленной финансовой поддержки от Бейли, "Гражданского крестового похода" и Сола Линовица, но Вашингтон заявил, что получил некоторую информацию, которая подтверждает, что Бландон был платным наемником Линовица, Нормана Бейли и "Гражданского крестового похода". Адвокат из Майами Рэй Такифф, который представлял интересы генерала Норьеги в США, сказал просто, что Бландон - лжец, находящийся на содержании правительства США.

Одним из контролеров Бландона был Уильям Г. Уокер, заместитель помощника госсекретаря по международным делам, который впоследствии сыграл грязную роль в падении сербского правительства. Согласно полученным мною сведениям, именно Уокер готовил Бландона к даче показаний в подкомитете Сената по международным отношениям по терроризму, наркотикам и международным операциям - подкомитете, выступающем против Норьеги. Затем Уокер сыграл ключевую роль в уничтожении сербского лидера Милошевича, что привело к падению страны и приходу к власти мусульманского правительства в Албании.

Бландон был печально известен своими перепадами настроения от одной темы к другой, не говоря уже о смене лошадей по пути. Уолкер хотел убедиться, что Бландон не зайдет в области, которые могут привести к осложнениям, давая показания перед комитетом "открыто и закрыто", на манер неловкой презентации Родригеса Милиана о крупнейших банках США. Льюис Галиндо из "Гражданского крестового похода", с которым мы уже знакомы, был еще одним "тренером" Бландона, наряду с Уокером и доктором Норманом Бейли. Галиндо потратил много времени, советуя Бландону придерживаться основ, когда тот давал показания перед подкомитетом Сената, стремящимся "поймать Норьегу".

Комитет должен был знать о склонности Бландона к искажению "фактов" так же, как и о его довольно сомнительных "международных контактах высокого уровня". Тем не менее, подкомитет Сената представил Бландона в качестве своего главного свидетеля против Норьеги большую часть времени во время заседаний 8-11 февраля. Это должно глубоко обеспокоить всех патриотов, которые ценят наши институты и традиции.

Нападение на Норьегу привело к деградации и дебилизации наших институтов, не говоря уже о том, что поставило под серьезное сомнение нашу судебную систему. Стремясь извлечь максимум пользы из показаний Бландона, хотя по правилам доказательной базы суда они не продлились бы более нескольких минут, а также в условиях перекрестного допроса, члены комиссии охотно выслушали его бессвязную и противоречивую тираду против генерала Норьеги. Даже при такой свободе действий и при том, что члены комиссии из кожи вон лезли, чтобы показать свою заботу, Бландон выступил так же плохо, как и преступники Флойд Карлтон и Милиан Родригес, которых вызвали для дачи показаний в суде.

Эта процедура напоминала "показательные судебные процессы", и ей не место в американской системе. Если это то, что наши политики называют "открытым правительством", то да поможет Бог Америке. Можно ли назвать слушания в подкомитете "судебным процессом"? Я склонен думать, что это был суд над генералом Норьегой, хотя председатель подкомитета Джон Керри категорически отверг эту версию, когда его спросили об этом. Керри выставил Бландона перед комитетом, как собаку в ринге на выставке. Когда Бландон начал бессвязно лепетать, Керри несколько раз сказал ему: "Оставайся мальчик - не так быстро". Это тот самый Джон Керри, который должен был баллотироваться в президенты США. Слава Богу, он был побежден.

Керри позаботился о том, чтобы недавнее выступление Бландона по телевидению в поддержку Норьеги не упоминалось. В этой речи Бландон заявил, что обвинения против командира PDF были "сфабрикованы", и решительно отрицал, что офицеры PDF были вовлечены в торговлю наркотиками. Это может быть хорошей политикой, но это плохое правосудие. В итоге, не в силах справиться с собственным бредом, Бландон противоречил сам себе и давал настолько разные версии одних и тех же событий, что даже шакалы СМИ, в частности *журнал Time*, были вынуждены нехотя признать, что доверие к Бландону отсутствует! Но не для Джона Керри, который не мог позволить себе потерять своего свидетеля из Звездной палаты.

Откуда взялись "факты" Бландона о причастности Норьеги к наркоторговле? Тщательный анализ, проведенный специалистами в этой области, показал поразительное сходство между фразами и словами, использованными Норманом Бейли, Лопесом Михельсоном, Роберто Айзенманном, Льюисом Галиндо и многими словами и фразами, использованными Бландоном. Таким образом, похоже, что эти люди, возможно, вкладывали слова в уста Бландона. Мы уже познакомились с миллионером Галиндо, который якобы заработал свое состояние на недвижимости, и Айзенманном из *La Prensa*, но стоит вскользь упомянуть, что Галиндо пользуется доверием Сола Линовица из Трехсторонней комиссии и его близкого помощника доктора Нормана Бейли.

Лопес Михельсон

Лопес Микельсон был президентом Колумбии с 1974 по 1978 год, в это время он стал близким другом Фиделя Кастро, который восстановил Карлоса Ледерера после того, как агенты УБН вынудили его бежать с Багамских островов. Именно министр финансов Михельсона, Родриго Болеро Монтойя, способствовал депонированию кокаиновыми баронами наркодолларов, открыв "зловещее окно" в Национальном банке Колумбии в рамках слежки Михельсона за кокаиновыми баронами Очоа, Ледерером и Эскобаром. Лопес Микельсон даже пытался легализовать наркобаронов в обмен на их предложение погасить внешние долговые обязательства Колумбии!

Николас Ардито Барлетта

Еще одним из наемных лакеев Госдепартамента был Николас Ардито Барлетта. Друг и доверенное лицо Нормана Бейли из Совета национальной безопасности и главы "филиала банкиров" СНБ-ЦРУ, близкий к Солу Линовицу и Уильяму Колби, Барлетта, несомненно, был важным союзником фракции "достать Норьегу". Я уже упоминал, что Панама стала убежищем для наркоторговцев и их банков, занимающихся отмыванием денег, вскоре после того, как Бландон ввел в действие строгие законы о банковской тайне: как раз во время "бума" торговли кокаином. Его законы о банковской тайне никогда не оспаривались - до тех пор, пока генерал Норьега не взял на себя эту страшную ответственность. Неудивительно, что Бландон заключил союз со своими врагами. Бландон был известен в Вашингтоне как "человек банкиров" Панамы.

Стивен Сарнос

Сарнос, которого называли наркоторговцем, имел удивительно легкий доступ к чиновникам администрации, таким как адмирал Пойндекстер, и к таким известным людям, как Барлетта. Сарнос входил в группу, состоящую из Айзенмана, Галиндо и других, которая начала клеветническую кампанию против Норьеги. Похоже, что Сарнос был еще одним из многочисленных "тренеров" Хосе Бландона.

Сарнос отправляется на встречу со своими высокопоставленными американскими связями под защитой федеральной программы свидетелей. Возможно, в результате доказательств, предоставленных Сарносом, его бывший коллега и деловой партнер Фернандес был приговорен к тюремному заключению за торговлю марихуаной. Возможно, мы никогда этого не узнаем, но именно поэтому Сарносу разрешено ездить в США, в то время как кто-то вроде президента Вальдхайма, бывшего генерального секретаря ООН, находится в черном списке.

Комитет Сената, возглавляемый Джоном Керри, казалось, сделал все возможное, чтобы противостоять дико неустойчивому выступлению Бландона. Отвечая на вопросы прессы об изменении показаний Бландона, неточностях и противоречиях, сенатор Д'Амато, один из членов комиссии, сказал: "Рекламщики попытаются сделать все, чтобы дискредитировать показания г-на Бландона. Но в итоге показания Бландона оказались не более чем плодом перезревшего воображения. Его заявление о том, что он видел документы, подтверждающие шпионаж ЦРУ за частной жизнью некоторых сенаторов США, - утверждение, категорически отрицаемое ЦРУ, но подтвержденное Бландоном, - вызвало переполох. Бомбовое сообщение Бландона о ЦРУ расстроило комитет почти так же сильно, как откровения Милиана о том, что крупные банки США участвовали в отмывании грязных денег.

Еще одним из "влиятельных международных деятелей", поддержавших заговор с целью "поимки Норьеги", является Тед Тернер из CNN. Считается, что Тернер является членом Трехсторонней комиссии, которого лично "обучал" Дэвид

Рокфеллер. Похоже, что его имя было добавлено в список врагов Норьеги. Газета Роберто Айзенманна *La Prensa вздохнула с* облегчением после слушаний в подкомитете Сената. Было ясно, что политика банкира-дурня в отношении Панамы теперь станет официальной политикой США. Возглавляемая США кампания против PDF пришла прямо со страниц газеты *La Prensa* с ее воплями ярости по поводу "репрессий". Кокаиновые бароны и их банкиры написали текст песни ненависти, которую администрация Рейгана поет против лучшего в мире борца с наркоторговлей того времени, генерала Мануэля Норьеги.

Тот факт, что Норьега был оклеветан, должен кое-что сказать нам о его эффективности в войне с наркотиками. Если бы он не был субъектом, никому в Вашингтоне или Панаме не было бы до этого дела. Международная кампания ненависти и очернения быстро достигла своего пика и завершилась отстранением Норьеги от власти. Я убежден, основываясь на информации высочайшей степени достоверности, что даже после его отстранения Норьега все еще находился в большой опасности. Эта информация оказалась верной: Норьега был похищен и доставлен в тюрьму во Флориде, после чего над ним был устроен пародийный суд, не имеющий аналогов в юриспруденции ни одной западной страны. Наркобароны и их банкиры не простят и не забудут. Норьега был отмечен для устранения так же, как генерал Сомоса из Никарагуа был отмечен для убийства.

В ходе слушаний в подкомитете были выявлены некоторые положительные моменты. Генерал Пол Герман отрицал факт обнаружения доказательств правонарушений со стороны Норьеги, как утверждали Бландон и Норман Бейли. Он сказал, что нет веских доказательств того, что Норьега имел связи с кокаиновыми баронами. Ходили слухи, сказал Герман, но реальных доказательств так и не было найдено. Комиссия также не смогла представить ни малейшего достоверного доказательства в поддержку ложных обвинений против Норьеги, хотя Керри приложил к этому все усилия, но он был осужден и приговорен к пожизненному заключению, из которого он никогда не выйдет.

Бландон, Барлетта, Линовиц, Эллиот Абрамс, Эллиот Ричардсон, Льюис Галиндо и Роберто Айзенманн, среди прочих, хотят, чтобы торговля наркотиками была легализована. Ричардсон подошел к этому вопросу очень умно. Он выступал за легализацию наркотиков, не подавая виду, что делает это. Он заявил, что уже "слишком поздно" пытаться бороться с наркотической угрозой и что какие бы усилия ни предпринимались для ее подавления, лучшим решением будет легализация наркотиков, как и алкоголя до него. По мнению Ричардсона и его фракции банкиров восточно-либерального истеблишмента, это окажется гораздо эффективнее и дешевле в долгосрочной перспективе - именно такой линии придерживался сенатор Эдвард Кеннеди в своих многочисленных попытках легализовать наркотики.

Эдвард Кеннеди был избавлен от участи своих братьев, потому что он полезен в продвижении законопроектов истеблишмента через Сенат - единственная причина продолжения его политической карьеры. Если Кеннеди осмелится хоть раз проголосовать против законодательства, направленного на борьбу с наркотиками, он будет исключен из списка. Мы знаем это, и он знает это. Это так же ясно. В своей статье, скопированной из отчета Сола Линовица 1986 года, подготовленного Межамериканским диалогом, Ричардсон практически цитирует аргументы, выдвинутые *La Prensa* и Карлосом Ледерером в поддержку легализации употребления кокаина и марихуаны таким же образом, как США в конечном итоге были вынуждены легализовать алкоголь. Межамериканский диалог - это слияние мнений восточного либерального истеблишмента и Латинской Америки, которое контролирует трехстороннее формирование политики региона под эгидой Комитета 300.

Короче говоря, он существует для того, чтобы подавлять

решения Трехсторонней комиссии. Список его членов позволяет быстро оценить, в какой степени этот орган был создан для выполнения приказов CFR. Когда появляются имена Макджорджа Банди, Линовица, Киссинджера, Джона Р. Петти, Роберта С. Макнамары, Барлетты и Монтойи, мы можем быть уверены, что грязная работа на перекрестке существует.

Сампер Пизано, курьер колумбийских кокаиновых баронов, говорит, что Западу необходимо рассмотреть новый и оригинальный подход к проблеме наркотиков. Пизано, который не отрицает своих связей с колумбийскими кокаиновыми баронами, однажды вручил Лопесу Микельсону очень большой чек в качестве "вклада" в его президентскую кампанию. Михельсон принял деньги, хотя знал, что они поступили от Карлоса Ледерера.

Избитый аргумент в пользу выборочной легализации также привел Ричардсон. Видимо, 65 миллионов наркоманов в США недостаточно. Ричардсон предполагает, что войну с наркотиками невозможно выиграть - еще один старый и опасный аргумент, который игнорирует удары молотом, которые президент Гарсия смог нанести по кокаиновой мафии всего за пятьдесят дней и со строго ограниченными ресурсами в своем распоряжении! Решающим аргументом является следующее утверждение: "...нелегальность наркотиков усугубляет ущерб, наносимый наркоманам и американскому обществу". Как сотрудник суда, г-н Ричардсон заслуживает того, чтобы Американская ассоциация адвокатов провела его проверку, обвинила в содействии продаже наркотиков и предъявила обвинение на этом основании. Межамериканский диалог имеет свой клуб наркобанкиров, поддерживающий попытки легализации наркотиков. Доказать существование доказанной связи между Первым банком Бостона, Credit Suisse и кокаиновыми баронами Колумбии будет несложно; гораздо менее сложно, чем попытаться сделать извращенные показания Хосе Бландона убедительными и приемлемыми.

Почему подкомитет Сената, который преследовал Норьегу, не преследовал Credit Suisse, First Bank of Boston, American Express и Bank of America, если он действительно хотел завоевать доверие в борьбе с наркоторговлей? Какова была роль Джона Керри во всем этом? Когда Госдепартамент начал по-настоящему опасаться Норьеги?

Я бы утверждал, что это произошло сразу после успеха совместной антинаркотической акции DEA и Панамы под кодовым названием "Операция "Рыба", о которой DEA публично сообщило 6 мая 1987 года, назвав ее "самым крупным и успешным расследованием под прикрытием в истории федеральной наркополиции". Государственный департамент немедленно начал контр-операцию в сотрудничестве с лицами, названными в этой статье, чтобы подорвать успех операции "Рыба" и сместить генерала Норьегу с поста командующего силами обороны Панамы. У Госдепартамента и его союзников в допинговом лобби были веские причины опасаться Норьеги, о чем свидетельствует следующая выдержка из письма главы DEA Норьеге от 27 мая 1987 года. Джон К. Лоун, не может быть яснее:

> Как вы знаете, операция "Рыбы", которая только что завершилась, прошла успешно: у международных наркоторговцев и отмывателей денег было изъято несколько миллионов долларов и тысячи фунтов наркотиков. Ваша личная приверженность (выделено автором) операции "Рыба", а также компетентные и неустанные профессиональные усилия других должностных лиц Республики Панама сыграли важную роль в успешном исходе этого расследования. Наркоторговцы всего мира знают, что доходы и прибыль от их незаконной деятельности не приветствуются в Панаме.

Действительно!

В этих последних строках мы находим ключ к разгадке того, почему Государственный департамент ополчился против генерала Норьеги и почему против самого эффективного борца с наркоторговлей в мире в то время была развернута национальная кампания клеветы и дискредитации. Письма

Джона К. Лоуна резко контрастируют с жалким зрелищем Хосе Бландона и попытками осужденного наркоторговца Милиана очернить человека, которого больше всего ненавидят и боятся колумбийские наркобароны, их панамские банкиры и их союзники в восточном либеральном истеблишменте, к которым мы относим *New York Times* и *Washington Post*.

Слушания в подкомитете Сената оказали ужасную и досадную услугу американскому народу, поддержав наркобаронов и их банкиров, и практически похоронив то, что осталось от крайне слабой программы по борьбе с наркотиками, которую президент Рейган должен был оставить в руках Джорджа Буша-младшего. Все, что осталось от нашей потрепанной самооценки как нации, противостоящей наркоугрозе, - это жалкое "Просто скажи нет" Нэнси Рейган. Слова не стоят многого, особенно по сравнению с теми актами храбрости, которые мы можем приписать генералу Норьеге и президенту Алану Гарсии.

Американская истеблишмент-пресса, шакалы, следуя диктату вожака стаи Дэвида Рокфеллера, организовала в Америке злобную кампанию против Норьеги, которая привела к предъявлению обвинения большим жюри Майами человеку, которого так щедро расхваливал глава DEA. Кто здесь не прав? Это Джон Си Лоун? Действительно ли Норьега, которого он восхваляет, тот самый человек, которого пресса, адвокаты, банкиры, платные лжецы и политические организации кокаиновой мафии изображают как друга и защитника наркоторговцев?

На первый взгляд, возникает некоторая путаница. Либо Норьега явно не тот человек, которого восхвалял Джон К. Лоун, либо свидетели из подкомитета Сената были лжецами. Мы оставляем за вами право сделать собственные выводы. Давайте вернемся к списку "врагов Норьеги" и выясним, кто был главным виновником этого жесточайшего преступления против лучшего противника современных наркоторговцев.

Генерал Рубен Дариос Паредес

Этот отставной командир Панамской национальной гвардии был самым боевым и опасным врагом генерала Норьеги. Несмотря на жестокую казнь его сына кокаиновой мафией, Паредес остался верен братьям Очоа, даже после того, как узнал, что они солгали ему, когда он позвонил и спросил о пропавшем сыне. Паредес принял слова Очоа о том, что его сын в безопасности, даже когда колумбийская пресса трубила, что Рубен-младший уже мертв, став жертвой "великих мафиози". Паредес имел давние связи с Фиделем Кастро и его самопровозглашенным "особым другом", полковником Роберто Диасом Эррерой. Учитывая эти известные факты, неудивительно, что Паредес принимал членов частной армии террористов Карлоса Ледера, М19, в своем доме и защищал их после того, как подразделение М19 было создано в Панаме для защиты лаборатории по производству кокаина в Дарьене и израильских складов оружия.

Паредес был выбором Киссинджера, Линовица и Госдепартамента, чтобы заменить генерала Норьегу, как только он будет вынужден уйти из-за угроз или преследования со стороны Министерства юстиции. Это послужило основой для так называемых "переговоров" с генералом Норьегой. В июле 1987 года Паредес угрожал начать войну в Панаме, если генерал Норьега не уйдет в отставку. Киссинджер и Линовиц отвели Паредесу роль баловня, который должен был следить за тем, чтобы ни один человек или политическая партия не стали достаточно сильными, чтобы угрожать интересам наркобаронов и их банковской сети. Как упоминалось ранее, когда Торрихос проявлял такие признаки, он потерпел смертельную авиационную "катастрофу". Есть ли реальные доказательства, которые так жадно ищет подкомитет Сената и которые не были найдены в случае с генералом Норьегой, которые могли бы связать Паредеса с кокаиновыми баронами и их мошенническими банкирами? Общеизвестно, что Очоа дарили Паредесу дорогие подарки, включая дорогих породистых скаковых лошадей, но это само по себе не является достаточным доказательством. Затем возникает вопрос о четко установленных отношениях между заместителем Паредеса, подполковником Хулианом Мело Барбуа, с которым мы уже встречались, и чьи близкие отношения с Рикардо Трибалдосом, Хайме Кастильо, Мендесом и другими торговцами Очоа, такими как Стивен Самос, не оспаривались и никак не могли быть скрыты от генерала Паредеса.

Когда Лопес Михельсон встречался с колумбийскими кокаиновыми баронами в Панаме в 1984 году, именно Мело Борбуа следил за тем, чтобы им не мешали. Я упомянул Стивена Самоса, потому что он был женат на Альме Роблес, сестре братьев Роблес, чья юридическая фирма используется наркобаронами. Самос был курьером синдиката Фернандеса, пока его не поймали. По моим сведениям, он был хорошо известен Мело Борбуа, и его деятельность не могла ускользнуть от внимания такого человека, как генерал Паредес.

Паредес, несмотря на его известные связи с наркотиками, был очень востребован шакалами американских СМИ. Он получил весьма благоприятные отзывы в прессе, его грязное прошлое, очевидно, хорошо скрыто, точно так же, как генерал Питовранов из Торгово-экономического представительства США (USTEC) любим американской прессой, несмотря на его известное прошлое в качестве главы всемирного отдела КГБ по похищениям и убийствам людей.

Доктор Норман Бейли

Биография Бейли связана с Советом национальной безопасности, где он служил до того, как объединился с Солом Линовицем, автором печально известного дела о Панамском канале. Будучи членом Совета национальной безопасности, Бейли было поручено изучить движение денег от наркотиков, что дало ему возможность непосредственно познакомиться с Панамой. В результате учебы Бейли подружился с Николасом Ардито Барлеттой. Считается, что

Бейли питал ненависть к Норьеге, обвиняя его в том, что Барлетта потерял президентский пост. заявил Бейли:

> Я начал свою войну против Панамы, когда мой друг Ники Барлетта ушел с поста президента Панамы.

Бейли многое узнал о законах Панамы о банковской тайне от человека, ответственного за превращение этой страны в убежище для наркоторговцев и банков по отмыванию денег, защитником которых он стал.

Почему Бейли должен был обидеться на увольнение Барлетты? Потому что Барлетта был "человеком на земле", представлявшим верхушку британского и американского истеблишмента, которая по уши была вовлечена в торговлю наркотиками - разумеется, с безопасного расстояния. Он также был человеком Международного валютного фонда (МВФ) на местах в Панаме, чтобы обеспечить беспрекословное подчинение его диктату, и он был любимцем Джорджа Шульца. Когда генерал Норьега воспротивился мерам жесткой экономии МВФ, он столкнулся лоб в лоб с Ардито Барлеттой и, по доверенности, с элитарным вашингтонским истеблишментом. Не зная Бейли, генерал Норьега разговаривал с Аланом Гарсиа, чья тактика успешно защитила Перу от грабежей МВФ, и которую Норьега позже перенял для Панамы.

В результате Бейли был отстранен от должности, когда попытался стать исполнителем решений МВФ. Именно тогда Джордж Шульц принял решение о тотальной войне против Норьеги и Национальной гвардии по совету Нормана Бейли и его делового партнера Уильяма Колби, чья фирма Colby, Bailey, Werner and Associates была проконсультирована охваченными паникой панамскими и американскими отмывателями наркотиков. С тех пор генерала Норьегу никогда не называли иначе, чем "диктатор".

Бейли утверждает, что он не был заинтересован в избавлении от Норьеги. По его словам, важнее было избавиться от него военным путем, потому что, по словам Бейли, "Панама - самая сильно милитаризованная страна в Западном полушарии". Это замечательное заявление должно быть сопоставлено с известным фактом, что именно Бейли составил обвинения против Норьеги, выдвинутые Бландоном, Айзенманном и Уидоном. Бейли, как член группы гражданского действия, которая прилагала все усилия, чтобы сместить Норьегу и заменить его тем, что Бейли любил называть "гражданской хунтой", которая проведет свободные выборы, как только придет к власти, на что она установила срок в один год.

Бейли был одним из главных авторов клеветы на Норьегу в газетах *New York Times* и *Washington Post*, которую он называет "98% фактов". Даже если только 2% - не факт, тогда, конечно, его статьи должны быть полностью подозрительными? Благодаря Бейли заговор против генерала Норьеги прошел полный круг - от кокаиновых баронов в Колумбии до элиты в Вашингтоне, Лондоне и Нью-Йорке. Именно благодаря Бейли была установлена связь между кровожадной кокаиновой мафией низшего класса и респектабельными и неприкасаемыми представителями общественно-политического истеблишмента в Вашингтоне, Бостоне, Лондоне и Нью-Йорке, олицетворяемыми Эллиотом Ричардсоном и Джорджем Шульцем.

На карту поставлены огромные суммы денег, получаемые торговцами наркотиками, которые все еще являются незаконными, но могут не быть таковыми еще долго, учитывая давление на законодателей с целью "смягчить" "социальное употребление" таких наркотиков, как марихуана и кокаин. За давлением против курения стоит кампания наркологии по легализации "легкого употребления" опасных наркотиков, вызывающих привыкание. Генеральный хирург утверждает, что никотин вызывает такое же привыкание, как кокаин и героин. Последствия очевидны. Откажитесь от антиобщественного курения, риск рака от которого доказан, и перейдите вместо этого на кокаин или марихуану, которые не являются канцерогенными. Продажи наркотиков, которые в настоящее время значительно превышают продажи бензина, вскоре могут превзойти продажи сигарет.

Кокаиновый "рынок" все еще остается относительно неосвоенным. Если еще несколько миллионов человек превратятся в наркозависимых зомби, то, как сказал бы Бертран Рассел, будь он жив сегодня. Когда Норьега был арестован Джорджем Бушем Старшим и его армией из 7000 американских солдат, Советский Союз победил, благодаря партнерству и Кубе Кастро. Она смогла распространить свое влияние на всю Латинскую Америку. Второй выгодой от этой торговли является увеличение производства кокаина и марихуаны, которое она делает возможным. Соединенные Штаты ощутили на себе последствия этого, поскольку наркотики стали дешевле и в больших количествах стали доступны "новым" потребителям, которые не обязательно становились наркоманами, или так говорят. При этом наркобароны были уверены в полной поддержке со стороны газеты *"Нью-Йорк Таймс"*, выступающей в интересах Великобритании, и газеты *"Вашингтон Пост"*. В последние годы обе газеты опубликовали ряд статей в пользу легализации употребления марихуаны и кокаина.

Сенат объявил войну Панаме так же, как он объявил войну Южной Африке. Патриотизм американского народа был возбужден упоминаниями о панамской армии как об опасности для безопасности канала. Де Кончини был никчемной марионеткой правого крыла, подписавшей документ об отказе от канала с "оговорками", которые не были приняты Панамой, за что его прославили как мудрого и предусмотрительного человека, потребовавшего кодицил, когда он был и остается ничем иным, как конфискацией, которая действовала как отказ от американского канала в Панаме. Ситуация в Центральной Америке стала представлять опасность для интересов национальной безопасности США. Панаме была навязана "демократия" филиппинского типа. Для того чтобы получить зеленый свет для договора о Панамском канале, Сенат заявил, что генерал Норьега должен уйти в отставку. Если бы он отказался подчиниться, его заставили бы уйти. Таково было общее мнение делегации сотрудников Сената в составе шести человек, посетившей Панаму с 12 по 16 ноября 1987 года.

Делегация не упомянула о пугающей угрозе, исходящей от наркоторговцев и их связи с Кубой, не говоря уже об угрозе нашей экономике от утечки американских долларов в панамские банки, занимающиеся отмыванием денег. Во имя демократии контроль над Панамой был вырван у Норьеги и передан международным наркоторговцам, а Панама была перевернута вверх дном договором о строительстве канала. Угроза направить американских военных в Панаму, если "беспорядки" будут угрожать безопасности канала, прямо не упоминается, но она явно подразумевается. Именно для создания такого беспорядка и был направлен в Панаму ветеран-смутьян Джон Майсто.

Джон Майсто

Кто такой Джон Майсто? Он был человеком номер два в посольстве США в Панаме во время "перевода" в эту страну. До этого он был направлен в Южную Корею, на Филиппины и Гаити для создания беспорядков на улицах и руководства "демонстрациями" против властей. Он был очень активен на улицах Панамы, и очень жаль, что агенту-провокатору Майсто позволили избежать наказания за его возмутительное поведение. Сенат намеренно и злонамеренно способствовал ухудшению условий в Панаме, продолжая настаивать на том, что "диктатор" Норьега занимается преступной деятельностью и что его отказ принять права США на защиту, на которых основан Панамский договор, ставит под угрозу весь договор.

Права на защиту" в данном случае означали размещение американских войск в районах, где Майсто занимался разжиганием беспорядков, что было преднамеренной провокацией, поскольку военные хорошо знают об опасностях, связанных с размещением войск в районах гражданских беспорядков. Если они чему-то научились в Ираке, то военные должны знать лучше, чем помещать американских военнослужащих в центр несостоятельной и нестабильной ситуации.

Еще одна неправда, которую необходимо разоблачить, - это история о том, что генерал Норьега получал помощь из Ливии. Это выдумка, призванная дискредитировать Норьегу. Мои источники потратили три месяца на расследование этих обвинений и обнаружили, что они не имеют под собой никакой основы.

Госдепартамент провел кампанию дезинформации с помощью Теда Тернера из CNN, так же как Би-би-си провела свою кампанию дезинформации против шаха Ирана. Но, несмотря на все это, кровавая баня, предсказанная для Панамы кампанией дезинформации и гнусной деятельностью Джона Майсто, не произошла. Генерал Паредес, который, как мы уже объясняли, был рупором кокаиновых баронов, их банкиров и их политических сторонников, добавил свой голос к крещендо клеветы против генерала Норьеги, предсказывая ужасные последствия для Панамы, если Норьега не уйдет в отставку немедленно. Президент Рейган, который понятия не имел, кто на самом деле "плохие парни", дал Норьеге крайний срок - апрель 1988 года, чтобы уйти в отставку. Как будто Панама является частью Соединенных Штатов!

Норьега не хотел подчиняться, поэтому крайний срок был перенесен на середину мая. Согласно источнику в Вашингтоне, Рейган хочет избавиться от Норьеги ко времени встречи на высшем уровне с Горбачевым. Норман Бейли усиливает свои требования по роспуску Панамской национальной гвардии, которая представляет "опасность" для всего региона.

Выступая на форуме в Университете Джорджа Вашингтона в Вашингтоне, Бейли сказал, что Норьега сдастся только в том случае, если панамский народ выйдет на улицы, получит пули и даст отпор. Если под рукой не будет телевизионных камер для записи таких событий, это будет бесполезной попыткой. В Панаме ничего не произойдет, вы не избавитесь от Норьеги и институтов PDF, если народ не выйдет на улицы", - сказал Бейли. Именно поэтому Майсто оказался в Панаме, где применил свой опыт работы с мафией, полученный в Южной Корее, на Филиппинах и Гаити.

Майсто и Бейли хотели, чтобы панамский "Шарпевиль" - беспорядки, спровоцированные Госдепартаментом, которые прокатились по черному городку Шарпевиль в Южной Африке и привели к гибели 70 чернокожих участников беспорядков - был запечатлен камерами. С тех пор Шарпевиль стал проклятием для Южной Африки. Последней каплей для Норьеги стало обвинительное заключение, вынесенное большим жюри Майами. Подведем итоги того, что уже произошло в Панаме:

Наркоторговцы и их банкиры объединили усилия с политическим истеблишментом в Вашингтоне, чтобы избавиться от генерала Норьеги и заменить его марионеточным режимом, управляемым из Вашингтона. Каковы были причины этого поступка? Во-первых, Норьега мешал прибыльной и процветающей торговле кокаином и марихуаной в Панаме, а во-вторых, он отказался сотрудничать с планом Киссинджера по превращению Центральной Америки в поле боя для американских войск в стиле Вьетнама.

Эти причины считались достаточными для того, чтобы взять Панаму в осаду. Каков был результат? Генерал Норьега отказался продолжать вывод войск. Затем были созданы искусственные ситуации, включая бунтующие собрания, экономические трудности и трудовые конфликты, с целью сделать Панаму неуправляемой. Затем в дело вмешались американские военные, якобы для охраны канала, но на самом деле для того, чтобы похитить Норьегу и доставить его во Флориду для суда. Именно так проводилась внешняя политика США в отношении Панамы. Являемся ли мы нацией, способной управлять Западом? Я оставляю вам возможность сделать собственные выводы!

Несет ли генерал Норьега какую-либо ответственность за проблемы в Панаме? Был ли он тем самым наркоторговцем, о котором заявляли Большое жюри и Сенат? Почему Панама вдруг привлекает к себе столько внимания, даже больше, чем когда наш канал был передан "антикоммунистическому" генералу Омару Торрихосу?

Когда вы бьете кого-то по кошельку, можете быть уверены, что это больно. И это именно то, в чем был виновен генерал Норьега. Он ударил наркобаронов по их кошелькам. Он стоил банкам, отмывающим деньги от грязных наркотиков, значительной части их незаконно нажитых доходов. Это поставило банкиров в неловкое положение. Он нарушил статус-кво; он вложил зубы в банковские законы Панамы. Более того, он встал на пути Генри Киссинджера и сорвал продажу израильского оружия в Центральной Америке. Он топтал ногами влиятельных людей. Неудивительно, что генерал Норьега был выбран на роль злодея. В период президентства Картера произошел взрыв в торговле кокаином. В течение шести месяцев после того, как Картер вошел в Белый дом, наша денежная ситуация была в беспорядке. Федеральная резервная система не ожидала долларового ажиотажа, и ей было трудно удовлетворить спрос со стороны банков Флориды. Денежная система была в беспорядке. Через шесть месяцев после того, как Джимми Картер стал президентом, банки Флориды сообщали о поступлениях кокаина на сумму 514 миллиардов долларов.

Карлос Ледер из колумбийского наркокартеля нашел сочувствующего и доброжелательного друга в докторе Питере Борне, советнике Белого дома Джимми Картера по вопросам наркотиков. Братья Оллман с наркотиками были приняты в Белом доме, несмотря на то, что они употребляли "кокаин". Леджер культивировал свои "связи с Картером" и, несомненно, радовался, когда Борн начал выдавать рецепты на наркотики, вызывающие зависимость, своим друзьям и коллегам - что, кстати, позволило ему избежать соответствующих санкций.

Эти условия "бума" создали прекрасную возможность для наркобаронов, особенно в Панаме. Торрихосу не было дела до этих событий. Больше всего его интересовал контроль над зоной канала и создание жизнеспособной панамской экономики. Если кокаин и марихуана были средством достижения этой цели, пусть будет так! Его позиция была "живи и дай жить".

Администрация Картера поддержала требования МВФ о том, чтобы Латинская Америка выращивала "товарные культуры" (марихуану и кокаин) для выполнения своих международных долговых обязательств. МВФ официально поощрял несколько стран, включая Ямайку и Гайану, выращивать товарные культуры, связанные с наркотиками. Позиция МВФ хорошо известна. Джон Холдсон, высокопоставленный сотрудник Всемирного банка, заявил, что производство коки очень выгодно для производителей, и добавил: "С их точки зрения, они просто не могли найти лучшего продукта". Колумбийское представительство МВФ открыто заявило, что для МВФ марихуана и кокаин - это еще одна культура, которая приносит столь необходимую иностранную валюту в экономику латиноамериканских стран! Всемирный банк и МВФ - не единственные, кто "одобрил" торговлю наркотиками.

Midland and Marine Bank был приобретен ведущим в мире наркобанком Hong Kong and Shanghai Bank с прямого разрешения бывшего главы Министерства финансов Пола Волкера, хотя он прекрасно знал, что целью поглощения было дать Hongshang Bank опору в прибыльной торговле кокаином в Панаме. На самом деле, приобретение компанией Hongshang компании Midland было крайне незаконным, граничащим с преступлением. Midland Marine Bank был примечателен по одной причине: он служил клиринговым банком для наркобанков Панамы!

Не случайно Гонконгский и Шанхайский банк стал его владельцем! Николас Ардито Барлетта входил в совет директоров Midland Bank, как и Сол Линовиц. Забавно, что эти имена постоянно всплывают! Очевидно, Линовиц не считал это конфликтом интересов, когда пришло время "договариваться" с Торрихосом.

А как насчет First Boston, который в сотрудничестве с Credit Suisse отмывает грязные наркоденьги по горло? First Boston - это не просто банк. Его первоначальными владельцами была старая либеральная восточная семья Перкинс, связанная с империей Уайт Велд в Швейцарии. Кстати, Перкинс был агентом J.P. Morgan и различных других британских домов, работающих в США. Тот факт, что Соединенные Штаты Америки пошли на такие меры, чтобы избавиться от "диктатора" из маленькой страны, должен нам о чем-то говорить. Нам должно быть любопытно узнать, что стоит за согласованными усилиями банкиров, политиков и шакалов прессы избавиться от генерала Норьеги. Я надеюсь, что благодаря предоставленной мною информации вы теперь сможете понять, почему Панама до сих пор находится в осаде!

С первых признаков того, что в 1986/87 годах что-то не так с планами наркобанкиров использовать генерала Мануэля Норьегу в качестве своего инструмента, банки Рокфеллера и Уолл-стрит начали строить заговоры с целью отстранить его от власти. Однако, когда все попытки не увенчались успехом, были рассмотрены более радикальные меры. Очевидно, что к 1988 году Норьега стал серьезным препятствием для торговли наркотиками в Панаме. Теперь мы рассмотрим чрезвычайные меры, предпринятые Рокфеллером для отстранения его от должности из-за его нападок на Иберо-американский банк Панамы, и последствия, которые за этим последовали.

Почему президенту Г.Х.У. Бушу пришлось прибегнуть к преступным действиям - вторжению в Панаму и похищению главы государства? Было выдвинуто много причин для этого действительно незаконного действия, и мы рассмотрим некоторые из них. Если бы американский народ не был погружен в постоянный туман, вторжение американских военных в Панаму вызвало бы огромный резонанс.

Находился ли Норьега на службе Центрального разведывательного управления? Считал ли так Альфредо Дункан, агент DEA, отвечавший за работу в Панаме? Если да, то это может помочь объяснить его странное поведение. Согласно сообщениям агента DEA, работавшего под прикрытием и уволившегося со своей должности, он считал, что у Дункана были "исключительные отношения с ЦРУ".

Так же, по слухам, обстояло дело с отелем Marriott в Панаме, известным наркоторговцам как "отель DEA". Тот же агент жаловался, что он никогда не мог заставить Дункана "сделать что-нибудь" в отношении планируемых операций с наркотиками в Панаме, для которых требовалась его помощь. Когда Дункан получил приказ арестовать человека по имени Ремберто, организатора отмывания денег от наркотиков в Панаме, он ничего не сделал, а когда его спросили о его халатности, он сказал, что Ремберто был увезен ЦРУ до того, как он смог действовать.

Позже утверждалось, что Ремберто был связан с Норьегой, но никаких доказательств в пользу этого утверждения так и не было представлено. В 1986 году Норьега закрыл банк First Inter America Bank, когда было доказано, что он принадлежал картелю Кали.

Что такое картель Кали? Это был, вероятно, один из крупнейших наркокартелей в Колумбии, предположительно сотрудничавший с правительственными структурами США против Медельинского картеля. Это признала и газета *Washington Post*. Одним из официальных лоббистов Кали был Майкл Эббелл, который в течение 17 лет был сотрудником Министерства юстиции. 28-29 октября 1989 года президент Буш и его союзники провели встречу на высшем уровне в Коста-Рике, в которой приняли участие политические лидеры стран Центральной и Южной Америки. На последующей пресс-конференции президент Буш сказал журналистам: "Дни этого деспота, диктатора

(Норьеги) прошли.

Это послужило сигналом для прессы, что "срочное" дело Норьеги теперь решено путем совместных консультаций с Венесуэлой и Никарагуа, среди прочих, хотя Буш официально пытался дистанцироваться от президента Никарагуа Даниэля Ортеги. Как бы ни старался президент Буш создать видимость единогласного вердикта против панамского лидера, факт, что большинство присяжных, Боливия, Гватемала и Доминиканская Республика даже не явились на "суд", привел Буша и его руководителя Джеймса Бейкера III в ярость. Президент Карлос Салинас Гортари должен был сыграть ключевую роль в деле о самосуде. Возможно, Гортари решил, что осторожность - лучшая часть доблести, после того как ему едва удалось избежать крупного скандала с наркотиками, в котором одного из его высших генералов спас от ареста при сделке с наркотиками предупредительный телефонный звонок от тогдашнего генерального прокурора Эдвина Миза о том, что его ждет. Президент Венесуэлы Карлос Андреас Перес, сам не являясь белым рыцарем, был тем, чьи источники в разведке сообщили, что 3 октября 1989 года будет совершен переворот против Норьеги под прикрытием "объединенных сил", но эта попытка провалилась. Как и попытка оказать давление на латиноамериканские страны, чтобы они разорвали дипломатические отношения с Панамой. Президент Буш сказал главам государств, что им лучше поддержать его план противостояния Норьеге, иначе... Но конференция закончилась без окончательного соглашения.

Это показывает, насколько сильно Буш боялся Норьегу и как низко было готово опуститься его правительство для достижения своих целей. Буш встретился с панамскими "оппозиционными силами", так называемым Гражданским альянсом панамской демократической оппозиции, который состоял из общественных деятелей, хорошо известных своими связями с банками в Панаме и Флориде, отмывающими деньги от наркотиков. Ее лидер, Гильермо Эндара, выступил по телевидению и открыто призвал к убийству Норьеги.

По возвращении в Панаму Эндара отрицал, что когда-либо призывал к подобным действиям. Затем Норьега дал отпор костариканским заговорщикам, заставив президента Родригеса отправить открытое письмо латиноамериканским президентам, в котором содержалась копия предложения Организации Объединенных Наций сделать Панаму штаб-квартирой многонациональных сил по борьбе с наркотиками - факт, который президент Буш не смог прояснить.

Письмо в ООН от 3 октября 1989 года призывало к созданию таких сил на основе международного договора, который бы гарантировал им полную власть в Панаме, но ни администрация Буша, ни ООН не ответили. В письме также порицается Венесуэла и другие "партнеры Буша" за призыв к "демократии" в Панаме, при этом ни разу не упоминается незаконный и пагубный бойкот, введенный президентом Бушем без уважительных или надлежащих причин. На протяжении октября и ноября 1989 года американские войска в Панаме преследовали панамские силы обороны, надеясь создать инцидент, который оправдал бы военное вмешательство США, но PDF ничего не предпринял. Позже (май 1989 года) было показано, что администрация Буша изменила правила применения оружия для американских войск в Панаме.

Теперь военным было приказано сделать все возможное, чтобы добиться конфронтации с НДФС. Пентагон тайно готовился спровоцировать солдат Норьеги, отправив конвои через окраины Панама-Сити, что противоречило договору с Панамой. Предполагалось, что Норьега разозлится и прикажет НДФС противостоять американским конвоям, что положит начало крупному конфликту.

Вмешательство США

8 июля 1989 года генерал Сиснерос, командующий Южной армией США в Панаме, отмахнулся от попыток

Организации американских государств (ОАГ) провести переговоры и разрешить кризис. Генерал Сиснерос заявил, что ОАГ

> "...не будет действовать достаточно решительно, чтобы сместить Норьегу. Что касается меня, я думаю, что настало время для военной интервенции в Панаму".

С каких пор американские военные решают политические вопросы? Эта акция стала своего рода проверкой того, что Буш задумал в отношении Ирака. 20 декабря 1989 года, после того как все другие методы не помогли сместить популярного Норьегу, Буш дал зеленый свет акту насильственной агрессии против панамского народа, что привело к гибели 7000 панамцев и разрушению всего региона Чоррильо в результате продолжительных бомбардировок американских войск и самолетов. Эта акция, осуществленная американскими военными, была актом открытой агрессии против мирного государства и грубо нарушала Конституцию США, Гаагскую и Женевскую конвенции, под которыми подписались США.

Давайте разберемся в истинных причинах, почему президент Буш, не получив предварительно объявления войны от Конгресса, вступил в войну против маленького государства Панама и, подобно отчаянному преступнику, приказал похитить главу государства? Почему президенту Бушу пришлось прибегнуть к таким отчаянным средствам, чтобы избавиться от Норьеги? Почему Буш прибег к такой бандитской тактике? По некоторым данным, одной из главных причин было желание предупредить страны Латинской Америки, что отныне, если они не подчинятся воле Вашингтона, им тоже будут угрожать военные действия США.

Нет никаких оснований полагать, что массированная пропагандистская кампания вокруг незаконных военных действий США против Панамы и Норьеги, которые, как хотел верить президент, должны были положить конец торговле наркотиками в Панаме, и в руководстве которой он обвинял Норьегу, была хотя бы частично успешной. Ни в Конституции США, ни в международном праве нет прецедента для неспровоцированного нападения на Панаму.

Какие существенные доказательства предоставил президент Буш в поддержку своих обвинений? Не было предложено ни одного доказательства. Мы должны были просто поверить президенту на слово. Каковы были тогда цели вторжения? Первой целью было уничтожение панамских сил обороны, единственной силы, способной поддерживать закон и порядок в стране. Когда эта цель была достигнута, следующим шагом стало установление самыми недемократическими средствами марионеточного режима, состоящего из людей, имеющих самые тесные связи с банками, отмывающими наркоденьги, и известных давних сторонников семьи Буша.

Уничтожение PDF имело и другую, второстепенную цель, которая касалась договоров о Панамском канале, согласно которым США и Панама должны были совместно защищать канал. Это обязательство должно было быть снято в 1999 году, к тому времени НДФ будет достаточно сильным, чтобы взять на себя полную ответственность за охрану канала, а вооруженные силы США будут вынуждены покинуть страну. Ключевое положение договоров предусматривало, что в случае, если Панама не выполнит свои обязательства по предоставлению таких сил безопасности, "военное присутствие США будет сохранено". Это положение считалось "хорошим" положением, когда его включил Сол Линовиц, составлявший проект договоров. Он был создан для того, чтобы предотвратить "выход за рамки" любого будущего панамского лидера, хотя никаких проблем с Омаром Торрихосом не предвиделось.

Когда Торрихос начал отказываться от своих личных соглашений с Дэвидом Рокфеллером по защите банков, отмывающих наркоденьги, на том этапе уничтожить PDF не представлялось возможным, хотя было предпринято множество попыток начать восстание, которое раскололо бы тело, но все они потерпели неудачу. Таким образом, Торрихос был "ликвидирован" в манере ЦРУ. Ликвидация" стала языком ЦРУ после пребывания Алана Даллеса на посту его главы. До этого времени это слово не использовалось ни одной американской разведкой. Это было сугубо сталинское слово.

Почему было бы желательно сохранить американские войска в Панаме на постоянной основе? Начало войны в Персидском заливе и второе вторжение американских войск в Ирак дают ключ к разгадке. США хотели разместить силы быстрого развертывания в Панаме, чтобы использовать их против непокорных стран Латинской Америки и Карибского бассейна, точно так же, как силы быстрого развертывания будут постоянно размещены в Ираке, чтобы иметь дело с мусульманскими странами, которые могут пожалеть, что никогда не дружили с США.

Это так называемая "доктрина полушарного проецирования", созданная планировщиками Пентагона. Мы увидим подобные постоянные базы во многих частях мира, включая Пакистан, Южную Корею, Сомали, Иран и Афганистан, поскольку США смягчают свою роль "большой дубинки" для глобального принудительного механизма, который мы знаем как Новый мировой порядок. Однако до сих пор в Сенате не прозвучало ни одного голоса протеста против этого. Я могу без скромности добавить, что эти события были предсказаны в моей книге "*Единый мировой порядок, социалистическая диктатура*".[4]

Панама стала важной базой для операций США против латиноамериканских стран, которые в какой-то момент в будущем могут восстать против сборщика дани, МВФ, видя, как их народы и страны исчезают в трясине, созданной

---

[4] *Диктатура социалистического мирового порядка*, Omnia Veritas Ltd, www.omnia-veritas.com.

международными менялами денег. Очевидно, что в случае, если какая-либо страна попытается сместить МВФ, от "международной полиции" МВФ, Соединенных Штатов Америки, потребуются немедленные действия. Таким образом, базы в Форт-Клейтоне приобрели новое значение. Латинская Америка была запугана и напугана безжалостностью военных действий США в Панаме. Откровенно говоря, лидеры этих стран не ожидали его, и когда он пришел, его жестокость напугала их, что было именно тем, что он должен был сделать.

Очевидно, что большинство латиноамериканских лидеров думали, что Орден черепа и костей - это некая доброжелательная организация, "как Шрайнеры", которая создаст "более добрую и мягкую Америку", как выразился один чиновник.

Они мало знали о причастности британской короны к деятельности США или о ее давних связях с наркоторговлей. В подтверждение этой информации Эндара, установленный силой и недемократическим способом, предложил, чтобы после 2000 года все базы в Панаме были предоставлены в распоряжение американских военных.

Второй целью вторжения Буша в Панаму была установка нового правительства из избранных истуканов с историей давних союзов с банками, чьим основным бизнесом было отмывание наркоденег для некоторых из самых важных кокаиновых картелей. При этом миссия Буша заключалась в защите интересов рокфеллеровских банков в Панаме, которые генерал Норьега начал потрошить и угрожал разрушить. Действительно, эта цель Буша была достигнута.

Третьей целью вторжения в Панаму было заставить американский народ поверить, что это была серьезная эскалация президентской войны с наркотиками, той мифической, несуществующей акции, которая никогда ни к чему не приводит. Вторгшись в Панаму, Буш знал, что его "война с наркотиками" получит большой импульс, особенно на Капитолийском холме, где законодатели были раздражены отсутствием прогресса и находились под постоянным давлением с целью легализации наркотиков. Следующим этапом станет "война с террором", которая будет глобальной по масштабам и бессрочной по продолжительности.

В феврале 1990 года начали происходить очень странные вещи. Американские СМИ, всегда стойко поддерживающие Буша и его автократический режим, начали издавать необычные звуки. Возьмем, к примеру, репортаж в *"Нью-Йорк Таймс"* от 7 февраля. Даже если допустить тот факт, что газета является форпостом британской разведки с американскими чиновниками во главе, не имеет смысла, что газета опубликовала правду.

Ссылаясь на предыдущие статьи, примечательно, что *New York Times* (NYT) назвала тех самых людей, которых я критиковал за слишком тесную связь с коррумпированными банками, отмывающими деньги от наркотиков. Под заголовком "Панама сопротивляется давлению США с целью изменить неадекватные банковские законы" в статье говорится:

> *Внимательное изучение панамских банковских записей и судебных документов показывает, что многие высокопоставленные правительственные чиновники (поставленные США), хотя никогда не обвинялись в отмывании денег, имеют тесные связи с коррумпированными банками. Нескольким из этих банков были предъявлены обвинения в отмывании денег или они были закрыты под давлением США.*

В статье не было сказано, что это было действие Норьеги, который закрыл эти банки, и что США не поддерживали Норьегу. По мере того, как я рассматривал все факты, кусочки головоломки начали вставать на свои места. Конечно, *New York Times* пыталась показать, что США спровоцировали закрытие банков, хотя это было совсем не так, и более того, обвиняя "сопротивление" изменениям, якобы исходящее из Вашингтона, можно было создать впечатление, что США действительно ведут войну с наркотиками, но новое правительство не сотрудничает с ними, что, читатель должен согласиться, было довольно умной уловкой.

Статья продолжается:

> *Президент Гильермо Эндара в течение многих лет был директором панамского банка, широко используемого колумбийским картелем Медельин.*

Мне было приятно получить подтверждение информации, изложенной за много лет до этого в моих монографиях о Панаме, даже из такого неожиданного источника. Banco Interoceanico de Panama, один из двух десятков панамских банков, названных **ФБР** в качестве отмывателей денег от наркотиков, - это тот банк, на который ссылается *New York Times*. Он продолжил:

> *Г-н Эндара, который до того, как стать президентом, был бизнес-адвокатом, является близким другом Карлоса Элеты, панамского бизнесмена, который был арестован в Атланте в апреле (1989) по обвинению в заговоре с целью создания крупной сети контрабанды кокаина. Он был выпущен под залог и теперь ожидает суда.*

Конечно, New York Times не пошла до конца, но то, что она не сказала, можно найти здесь, а именно, что не только Эндара был по уши в банковском отмывании денег, но и его друзья, которым очень благоволила администрация Буша.

Среди других видных членов "панамского кабинета" администрации Буша можно назвать следующих:

Рохелио Круз

Круз - генеральный прокурор Панамы. Ранее он был директором Первого межамериканского банка развития. Этот банк принадлежал Гилберто Родригесу Орехуэле, человеку, занимающему высокое положение в картеле Кали в Колумбии, о котором я уже упоминал.

Гильермо Билли Форд

Он является вторым вице-президентом и председателем

банковской комиссии. Он также является совладельцем Банка Дэдленд, который в моих монографиях специально назван банком, отмывающим наркоденьги. Этот банк также был центром по сбору денег за наркотики для Гонсало Мореса, главного отмывателя денег Медельинского картеля.

Рикардо Кальдерон

Кальдерон является первым вице-президентом Панамы, и записи показывают, что его семья была сильно вовлечена в подозрительную банковскую деятельность.

Марио Галиндо

Галиндо и его семья, как и Кальдерон, были связаны с банками, подозреваемыми в отмывании денег от наркотиков, включая Banco del Istmos, президент которого, Самуэль Льюс Галиндо, был родственником Марио Галиндо.

Все эти элементы были хорошо известны Ивану Роблесу, который работал в Dadeland Bank, и Антонио Фернандесу, который занимался контрабандой тонн марихуаны в США. В 1976 году сеть Фернандеса начала покупать акции Dadeland Bank, совладельцами которого были Форд, Айзенманн и Родригес. Президент Буш тепло приветствовал Родригеса в качестве "свинского" посланника Эндары в США. Поставив этих людей на видные посты в панамском правительстве, администрация Буша, похоже, достигла своей второй цели - облегчить, а не затруднить торговлю наркотиками в Панаме, что, как я уже говорил, было второй целью вторжения в Панаму.

После призывов к отмене законов о тайне в Панаме, в защиту своей позиции Форд заявил, что нет необходимости менять закон: "Тайна не будет использоваться в незаконных целях". Другие, например, Контролер, заявили, что Панама не будет менять никаких законов.

> "Мы не должны менять всю нашу правовую систему из-за наркотиков. Мы не можем менять всю нашу правовую систему из-за одной вещи - наркотиков",

сказал Рубен Диаро Карлос. Никто не осмелился упомянуть, что именно это и было сделано Норьегой, а также основной причиной, по которой его пришлось насильно убрать.

31 декабря 1989 года престижная бразильская газета *Jornal do Brasil*, крупнейшая ежедневная газета страны, опубликовала на первой полосе статью под названием "Опасные отношения с наркоторговцами", в которой упоминались имена некоторых членов "внутреннего круга" правительства Буша в Панаме. Это были люди, которые говорили перед вынесением приговора на суде над Норьегой в Майами:

"... если генерал Норьега будет оправдан в Майами, его обвинят в убийстве".

Я перевел статью, в которой в основном говорилось, что Гильермо Эндара будет особенно уязвим из-за его связей с Карлосом Элета, "обвиняемым в отмывании 600 килограммов кокаина и отмывании наркоденег в США". В статье также упоминалось имя брата вице-президента Кальдерона, Хайме Кальдерона, который был связан с банком First Inter Americas Bank, принадлежавшим Гилберто Орехула, который в 1985 году был обвинен в переводе 46 миллионов долларов, вырученных от продажи наркотиков, в панамский филиал Banco Cafetero в Нью-Йорке. Согласно статье, Билли Форд вместе с послом в Вашингтоне, Карлосом Родригесом и Бобби Айзенманном участвовал в отмывании средств от наркотиков через Национальный банк Дэдленд во Флориде.

В подзаголовке Гильермо Эндара описывается как "жалкий пеон в игре американцев". В статье говорится: "Эндара называется Pan Dulce (сладкие хлебцы), жирные и мягкие". Далее в статье говорится, что Эндара - одна из бедных семей белой олигархии, присутствующая на сцене с 1904 года:

Эндара начал свою политическую жизнь в качестве малоизвестного адвоката в Панама-Сити в офисе Галилео Солиса, министра иностранных дел в одном из правительств Анульфо Ариаса.... У Эндара никогда не было собственных идей, он был предан, как щенок, и повторял то, что говорил Ариас, и, вероятно, поэтому Буш выбрал его в качестве "человека, который согласен".

Таких ли людей Буш хотел видеть во главе Панамы? По всей видимости, это так, и все же, хотя есть много оснований указывать пальцем на "правительство Буша" в Панаме, в суде не было представлено ни одного доказательства вины Мануэля Норьеги. Разве большое жюри США не должно было давно расследовать это дело? Это одна из причин, по которой Норьегу так долго держали без связи с внешним миром? Боялось ли Министерство юстиции того, что Норьега может сказать на свидетельском месте?

События в Панаме показывают, насколько фальшивой была война Буша с наркотиками. Не так уж много людей, которые в это не верят, и, конечно, это самое большое преимущество, которое сторонники легализации наркотиков имеют для себя. Их позиция такова: "Послушайте, даже огромных ресурсов Соединенных Штатов недостаточно, чтобы остановить наркоторговлю. Зачем пытаться бороться с неизбежным? Почему бы не принять законы, которые централизуют контроль и выведут наркотики из рук криминальных элементов? "Есть те, кто лоббирует Конгресс и угрожает гражданской войной, если это не будет сделано в ближайшее время. Постоянная демонстрация в ночных новостях "полицейской жестокости", якобы направленной в основном против бедных в крупных американских городах, дает желаемый эффект. Не следует думать, что эти сообщения являются "новостями". Целью и задачей основных новостных сетей в этот период было дать понять бедным, что они являются жертвами жестокости полиции, в то время как "большим парням", обычно белым, все сходит с рук. Черные лидеры требовали снять "давление" на черное население или легализовать наркотики.

Вторжение в Панаму дало нарколобби базу для развития. "Если это не остановило поток наркотиков, то как полиция должна справиться с этим?" - спрашивали они. Один из лидеров сторонников наркотиков, Эндрю Вайль, заявил на конференции Фонда наркополитики, что из-за жестокости полиции в отношении городских чернокожих во время рейдов по борьбе с наркотиками гражданская война может разразиться в любой момент. Айра Глассер, исполнительный директор Американского союза гражданских свобод, сказал аудитории, что легализация наркотиков стала вопросом правого крыла, который поддерживают такие известные люди, как Джордж Шульц, Уильям Ф. Бакли и Милтон Фридман. Глассер призвал нацию "преодолеть негатив и начать убеждать полицию, законодателей и общественность" в необходимости легализации наркотиков.

Кевин Зиз, вице-президент и главный юрисконсульт Фонда наркополитики, сказал:

> Война с наркотиками приносит больше вреда, чем сами наркотики. Это практически то, к чему сводится баланс. Является ли война с наркотиками более опасной для нашего общества, чем сами наркотики? Можем ли мы решить проблему наркотиков таким образом, чтобы это было менее затратно для нашего общества - не только в экономическом, но и в человеческом плане?

Далее Зиз сказал, что героин - это бегство от страданий, что, хотя он и не пристрастен, он может понять. Теперь, когда похищенный генерал Норьега томится в федеральной тюрьме в Майами, что намерено сделать с ним Министерство юстиции Буша?

Одна из вещей, которая меня озадачивает, - это оглушительное молчание организаций по защите гражданских свобод в этой стране и во всем мире о преступлениях, совершенных против него правительством США. Можно представить, что похищение главы государства вызовет рев протеста со стороны этих защитников свободы. Однако ничего подобного не произошло. Представьте себе, что бы произошло, если бы Нельсона Манделу похитили из Южной Африки и доставили, скажем, в Италию для суда. Шумиха и волнения были бы бесконечными, пока Мандела не был бы освобожден. Похищение Норьеги и его незаконное заключение в тюрьму подчеркивает тот факт, что в нашей стране существуют прискорбные двойные стандарты, которые, очевидно, американский народ не считает такими уж плохими, или это потому, что им промыли мозги прессой?

Почему суд над генералом Норьегой так долго откладывался? В конце концов, все возможные нарушения его прав уже были совершены, например, мониторинг телефонных разговоров с адвокатом и замораживание его средств, чтобы он был вынужден согласиться на назначенного судом адвоката. Более того, поскольку Соединенные Штаты осуществляют полный и неограниченный контроль над Панамой, можно предположить, что Министерство юстиции располагает документальными доказательствами, необходимыми для успешного судебного преследования. Почему такая долгая и неприличная задержка? Разве правосудие не откладывается?

16 ноября 1990 года Норьега сделал заявление судье Уильяму Хоевлеру, которое стоит повторить, поскольку оно показывает, как проституировалось правосудие в деле Норьеги:

"Сейчас я нахожусь во власти абсолютно нечестной и несправедливой системы, которая выбирает моих обвинителей, а теперь выбирает моего защитника. Когда меня привезли в Соединенные Штаты, я ошибочно полагал, что меня ждет справедливый суд. Чтобы это произошло, я также верил, что смогу использовать свои деньги для найма адвокатов по своему выбору. До боли очевидно, что правительство США не хочет, чтобы я мог защитить себя, и сделало все возможное, чтобы отказать мне в справедливом суде и надлежащей правовой процедуре.

Они забрали мои деньги, лишили меня адвокатов, снимали меня в камере, прослушивали мои телефонные разговоры с адвокатами и даже передали их правительству Эндары и прессе. Правительство США проигнорировало мой статус военнопленного и нарушило Женевскую конвенцию.

Хуже всего то, что они действовали не гуманно. Несмотря на неоднократные просьбы Международного Красного Креста, они нарушили мои права человека, отказав моей жене и детям в визах для посещения их мужа и отца, что является позорным нарушением международного права.

Очевидно, что в интересах правительства США, чтобы я не мог защитить себя, потому что то, чего они боятся, я знаю. Это не дело о наркотиках. Я понимаю, что это дело имеет последствия на самом высоком уровне правительства США, включая Белый дом.

Я никогда не питал иллюзий, что это дело будет честной борьбой, но я также не ожидал, что виртуальная армия прокуроров и следователей окажется на таком неравном поле боя и будет допущена только к адвокатам, которым ничего не платят и которым разрешено носить только оружие, в то время как у прокуратуры есть ядерное оружие. Они называют это честной борьбой; предстоящая битва очень похожа на ту, которую вели США, когда вторглись в мою страну. Та битва была односторонней и несправедливой, и эта битва тоже. "

Ситуация, в которой оказался Норьега, - это ситуация, в которой каждый американец может однажды столкнуться с коррумпированным и жестоким правительством. Участь Норьеги стала насмешкой над праздником Четвертого июля. Это высмеивает Конституцию США. Между тем, не слышно ни одного голоса в защиту Норьеги, и для меня это один из самых позорных моментов в позорной ситуации. Это не та ситуация, которую можно игнорировать, потому что за то, что случилось с Норьегой, несет ответственность каждый американец. СМИ в основном игнорируют тот факт, что, вторгшись в Панаму и похитив генерала Норьегу, Соединенные Штаты нарушили не только Конституцию США, но и устав Организации американских государств (ОАГ), который они подписали, включая статьи 18, 15, 20 и 51.

Статья 18 гласит:

Ни одно государство или группа государств не имеет права

прямо или косвенно вмешиваться по любой причине во внутренние или внешние дела другого государства.

Статья 20 гласит:

> Территория государства неприкосновенна; она не может быть подвергнута, даже временно, военной оккупации или другим мерам силы со стороны другого государства.

Ранее я упоминал, что Буш не получил от Конгресса объявления войны перед вторжением в Панаму. Вместо этого Буш решил обойти Конституцию, сообщив Конгрессу, что он ссылается на Закон о национальных чрезвычайных ситуациях из-за чрезвычайного положения, вызванного

> "необычная и чрезвычайная угроза национальной безопасности и внешней политике США, исходящая от Республики Панама".

Этот так называемый закон - полный фарс, "tabula raza", бесполезная бумажка, созданная исключительно для подрыва Конституции США.

Президент солгал американской общественности, когда 20 декабря 1989 года сказал:

> "В прошлую пятницу генерал Норьега объявил, что его военная диктатура находится в состоянии войны с Соединенными Штатами. "

На самом деле, не было ни одного доказательства в поддержку такого абсурдного обвинения.

Короче говоря, это была откровенная ложь. Несмотря на все, что президент сделал или сказал, ему не удалось добиться объявления войны Панаме, что он повторит, отправив эту страну на войну с Ираком, и что, вероятно, станет началом смерти Конституции США.

Еще одной ложью президента стало его заявление от 20 декабря о том, что

> "Безрассудные угрозы и нападения генерала Норьеги на американцев в Панаме создали непосредственную опасность для 35 000 американских граждан в Панаме".

Правда заключается в том, что было только одно нападение на американских военнослужащих, которое стало результатом преднамеренного плана конфронтации по приказу генерала Сиснероса. Эта трагедия произошла, когда три морских пехотинца США проехали через три разных контрольно-пропускных пункта PDF. После того, как их остановили на четвертом, произошла перепалка между PDF и морскими пехотинцами, которые не были в форме.

После этого морские пехотинцы бросились бежать, и после того, как им неоднократно приказали остановиться, были произведены выстрелы, один из которых оказался смертельным. Президент Буш виноват в смерти этого солдата. Только на этой трагедии Буш основывал свое абсурдное утверждение о том, что генерал Норьега объявил войну Соединенным Штатам и "угрожал целостности договоров о Панамском канале". Министр Чейни сообщил американской общественности, что у администрации Буша были готовы планы вторжения еще в марте 1989 года.

Сам министр Чейни, как правило, подтверждает это, когда он сказал 20 декабря:

> "Приказ был отдан поздно в воскресенье, чтобы выполнить план, который был разработан уже некоторое время. Это была одна из первых тем, о которой меня проинформировали, когда я стал министром обороны прошлой весной. "

Чейни был заядлым смутьяном, мастером обмана, и Соединенным Штатам суждено потерять большую часть своих сокровищ и своих сыновей из-за двуличия этого человека. Ему должно быть запрещено занимать какие-либо государственные должности в будущем. Еще одной ложью администрации стало заявление, сделанное Марлином Фицуотером, выступавшим от имени президента 20 декабря 1989 года. Фицуотер заявил нации, что "целостность договоров о Панамском канале находится под угрозой". В тот же день Джеймс Бейкер III заявил прессе, что одной из целей вторжения США была "защита целостности прав

Соединенных Штатов в соответствии со статьей IV договоров о Панамском канале". Но когда Бейкера попросили перечислить, какие именно угрозы были сделаны Норьегой против целостности договоров, он не смог назвать ни одной. Его ответ был таков:

"Ну, это очень спекулятивно, за исключением того, что - я имею в виду, позвольте мне просто сказать с уважением, что мы уже говорили, что мы предвидим, что могут возникнуть проблемы в отношении Канала, если Норьега продолжит незаконно удерживать власть. Что касается вызовов целостности наших прав за последние два или три года, я бы просто сослался на - за последний год - возможно, мне следует вернуться назад, но, за последний год, я бы сослался на продолжающиеся преследования, которые мы наблюдали там против американцев при осуществлении наших договорных прав. "

Эти неуклюжие, спотыкающиеся, наспех состряпанные "доказательства" того, что Норьега угрожал правам американского канала, были лучшим, что смог придумать Бейкер. Каким же плохим лжецом он оказался. Тем не менее, на основании совершенно необоснованных и неподтвержденных доказательств, представленных президентом Бушем, секретарем Чейни и секретарем Бейкером, эта страна совершила вопиюще незаконное вторжение в суверенное государство, с которым у нее был договор, и нарушила международное и конституционное право.

Похитив генерала Норьегу, наше правительство опустилось до уровня пиратов Барбарийского побережья и тем самым попрало Конституцию США и международное право. Нравится нам это или нет, кажутся ли эти слова грубыми и ханжескими, но факты есть факты, и их нельзя отрицать. Как нация, мы все в равной степени несем ответственность вместе с президентом Бушем за беззакония его администрации, потому что мы стояли в стороне и позволяли этому происходить, даже не выражая протеста.

Президент Буш заявил американцам в эфире, что одной из

причин, по которой он отдал приказ о вторжении в Панаму, была "защита демократии".

Хотя никто из нас этого не понимал, это должно было стать одним из оправданий для вступления в войну с Ираком. Демократию нужно было спасать в Ираке, несмотря на то, что до этого в этой диктатуре не было и намека на нее. Кстати, Соединенные Штаты - это не демократия, а республика. Мы также не являемся мировыми полицейскими.

Мы больше не являемся нацией законов после нашей геноцидной войны против Ирака! Демократия в Панаме была жива и здорова. Несмотря на два года грубого, часто грубого и вопиющего вмешательства во внутренние дела Панамы, грубого нарушения договора ОАГ, который подписали США, и несмотря на как минимум две преступные попытки покушения на генерала Норьегу в мае 1989 года, национальные выборы были проведены.

Какова была реакция президента Буша? При активной поддержке шакалов из СМИ администрация Буша потратила более 11 миллионов долларов на поддержку оппозиционной платформы Эндары, Билли Форда и Кальдерона, сильно подсевших на наркотики.

Основываясь на своем опыте выборов на Филиппинах, в которых были задействованы все ветви власти США, включая наши спецслужбы, Буш приказал развернуть "сценарий Маркоса" против народа Панамы. Банда Эндара, финансируемая Бушем, подняла волну беспорядков, украла урны, чтобы голоса не могли быть подсчитаны, и при этом громко кричала, что голоса были "подделаны". Это было жуткое повторение филиппинских выборов, с "международными наблюдателями", которым платили проститутки, и обычным корпусом шакалов СМИ, все кричали о своей поддержке этой лжи и зловещем предвестии грядущих событий в самих США.

В разгар хаоса, созданного Бушем, не имея возможности

подсчитать голоса, панамское правительство сделало то, что сделало бы любое другое правительство - оно отменило выборы. Он не мог поступить иначе, учитывая масштабные и повсеместные диверсионные операции, проводимые администрацией Буша. По крайней мере, Буш надеялся, что именно так и произойдет. Уже тогда панамское правительство стремилось доказать всему миру, что оно пытается поступать правильно. Он предложил оппозиционной банде Endara, связанной с наркотиками, возможность участвовать в коалиционном правительстве.

По совету Вашингтона, это щедрое предложение было отвергнуто "бедным белым пеоном" Эндарой. Как мы видели на "переговорах" по Ираку, Буш был полон решимости уничтожить PDF, похитить Норьегу и оккупировать Панаму, и никакое количество доброй воли, предложенной справедливыми людьми, не могло помешать ему достичь своих целей. По правде говоря, при администрации Буша Америка стала самой злой нацией в мире, настоящей деспотической тиранией.

В одном из самых поразительных и наглых актов в своей карьере президент Буш объявил банду Эндара, занимающуюся торговлей наркотиками, "официальным правительством Панамы". Эти люди, столь сильно вовлеченные в банки по отмыванию наркотиков, приняли "присягу" на военной базе США. Если когда-либо существовал закон джунглей, то это был именно он. Затем, 45 минут спустя, США вторглись в суверенное государство Панама в одном из самых вопиющих актов агрессии этого века. Если это была демократия в действии, то Бог поможет Америке, потому что то, что произошло в Панаме, обязательно повторится внутри страны, да и вообще везде, поскольку Республиканская партия становится партией построения империи.

Мы позволили злу торжествовать, предпочитая молчать. Мы были равнодушны к страданиям других народов от рук Соединенных Штатов, поэтому, когда придет наш черед, мы будем винить только себя. Наше отсутствие протеста, даже наше одобрение закона джунглей, действующего в Панаме и Ираке, делает нас достойными наказания Всемогущего Бога, которое обязательно настигнет эту нацию из-за нашей терпимости к злым делам. Везде, где я путешествую, я вижу плакаты и рекламные щиты: "Боже, благослови Америку", и я должен спросить себя, зачем Богу благословлять Америку, если столько зла делается во имя Его?

Другим оправданием вторжения в Панаму, выдвинутым президентом Бушем, было то, что мы отправляемся в Панаму "для борьбы с наркоторговлей". Вот что Буш имел наглость сказать 20 декабря 1989 года, когда он готовил свое "Рождественское обращение" к народу Панамы и Соединенных Штатов. Изучение файлов DEA вскоре покажет, что Джон Лоун, бывший начальник DEA, часто с восторгом отзывался о полном сотрудничестве, которое он получил от генерала Норьеги, PDF и панамского правительства. Во время пребывания генерала Норьеги у власти проблема наркотиков значительно уменьшилась.

27 мая 1989 года Джон Лоун направил Норьеге письмо, в котором поздравил его с ценной помощью, оказанной ему в успешном аресте банковских счетов наркоторговцев, которую Лоун назвал "самой успешной операцией под прикрытием в истории федеральной полиции".

Газон сказал:

> "В очередной раз DEA США и правоохранительные органы Республики Панама объединили усилия, чтобы нанести эффективный удар по наркоторговцам... "

Ваша личная приверженность ОПЕРАЦИИ "ПОИССОН" и компетентные и неустанные профессиональные усилия других должностных лиц Республики Панама были очень важны для успешного завершения этого расследования.

Наркоторговцы всего мира теперь знают, что доходы и прибыль от их незаконной деятельности не приветствуются в Панаме.

Неудивительно, что английские лорды и леди, а также одетые в полосатые костюмы обитатели банков Уолл-стрит начали беспокоиться. Неудивительно, что Рокфеллер приказал Бушу как можно скорее избавиться от Норьеги и панамского правительства. Норьега был действительно серьезен и искренен в своей войне с наркотиками! Хотя он утверждал, что Норьега был наркоторговцем, президент Буш так и не предоставил никаких доказательств в поддержку своих утверждений.

На самом деле, Адам Мерфи, возглавлявший оперативную группу во Флориде в рамках Национальной системы пресечения незаконного оборота наркотиков (NNBIS), категорически заявил, что

> "На протяжении всей моей работы в NNBIS и в оперативной группе Южной Флориды я не видел никаких разведданных, свидетельствующих о том, что генерал Норьега был вовлечен в торговлю наркотиками. На самом деле, мы всегда считали Панаму образцом сотрудничества с Соединенными Штатами в войне с наркотиками. Помните, что обвинительное заключение большого жюри в этой стране не является приговором. Если дело Норьеги когда-нибудь дойдет до суда, я изучу доказательства и выводы присяжных, но пока этого не произошло, у меня нет прямых доказательств причастности генерала. Мой опыт говорит об обратном. "

И все же, несмотря на то, что Джон Лоун в своем письме от 27 мая 1987 года давал хвалебные рекомендации генералу Норьеге и панамскому правительству, менее чем через месяц Буш устроил восстание против законного правительства Панамы. Карлос Элета и его деловые партнеры, включая пеона Эндара, немедленно получили поддержку американских военных в Панаме. Мы видели тот же modus operandi в Иране с подлым устранением премьер-министра Моссадега во время расследования американского генерала Хаузера.

Это отвратительное нарушение договора ОАГ не вызвало протеста ни у кого в этой стране. Пат Робертсон, телеангелист, и все его свободолюбивые единомышленники хранят молчание перед лицом доказанного беззакония со стороны правительства США. Поэтому мы заслуживаем того, что получим, когда правительство повернет свою беззаконную политику вовнутрь и применит ее против своих граждан. Именно успех панамского правительства Норьеги в вытеснении наркомафии из Панамы, достигнутый на основании того, что оно глупо верило, что Соединенные Штаты действительно ведут войну с наркотиками, и из искреннего желания выполнить свои обязательства перед США по договору ОАГ, стал причиной падения панамского правительства и генерала Норьеги. Если позволить президенту Бушу нарушить Конституцию США, это также станет концом США, какими мы их знаем.

Преступление", в котором виновны Норьега и его правительство, заключается в том, что они слишком хорошо выполнили свою работу и при этом сильно потоптались по ногам компании Dope International Limited и лордов, леди и джентльменов, входящих в ее совет директоров. Пусть это станет уроком для всех тех, кто считает, что администрация Буша действительно ведет войну с наркотиками. Это фальшивая война, не более и не менее, как сказали несколько полевых агентов DEA, в том числе один из тех, кто боролся с "Корпорацией", огромным боливийским кокаиновым картелем, и его мексиканскими партнерами, Они на собственном опыте убедились, что если слишком близко подобраться к первым лицам наркобизнеса, то можно получить "отставку, а не похвалу", или пострадать от рук тирана, а твою судьбу будет решать марионеточный суд.

Ситуация в Панаме в 2009 году такова, что наркотики поступают в страну свободнее, чем когда-либо, а банки, отмывающие деньги от наркотиков, действуют более свободно. Экономика страны находится в руинах и ожидает американского вливания миллионов долларов США, но все это не имеет значения. Важно то, что в стране восторжествовала "демократия". Пусть это станет уроком для всех стран Латинской Америки! Пусть это будет уроком для всех народов: если так будет продолжаться, ни одна страна в мире не будет в безопасности. Став другом Соединенных Штатов, вы можете потерять свою страну.

Глава 5

Роль Пакистана в войне с наркотиками

Мусульманская лига сформировала первое правительство Пакистана под руководством Мухаммада Али Джинны и Лиаката Али Хана.

Лидерство Мусульманской лиги в пакистанской политике значительно уменьшилось с появлением других политических партий, в частности, Пакистанской народной партии (ПНП) в Западном Пакистане и Лиги авами в Восточном Пакистане, что привело к созданию Бангладеш. Первая Конституция Пакистана была принята в 1956 году, но действие ее было приостановлено в 1958 году Айюб Ханом. Конституция 1973 года, действие которой было приостановлено в 1977 году Зия-уль-Хаком, была восстановлена в 1991 году и является самым важным документом страны, закладывающим основы государственного управления.

Пакистан - федеративная демократическая республика, государственной религией которой является ислам. Полупрезидентская система включает двухпалатный законодательный орган, состоящий из Сената, состоящего из 100 членов, и Национального собрания, состоящего из 342 членов.

Президент является главой государства и главнокомандующим вооруженными силами. Он избирается коллегией выборщиков.

Премьер-министр обычно является лидером крупнейшей партии в Национальном собрании. В каждой провинции действует аналогичная система управления с избираемой прямым голосованием провинциальной ассамблеей, в которой лидер крупнейшей партии или альянса становится главным министром. Губернаторы провинций назначаются президентом.

Пакистанские военные играли влиятельную роль в основной политике на протяжении всей истории Пакистана: военные президенты находились у власти с 1958 по 1971 год, с 1977 по 1988 год и с 1999 года. Левая ПНП, возглавляемая Зульфикаром Али Бхутто, стала крупным политическим игроком в 1970-х годах. При военном режиме Мухаммада Зия-уль-Хака Пакистан начал заметный переход от светской политики британской эпохи к принятию шариата и других законов, основанных на исламе.

В 1980-х годах Движение Муттахида Кауми (ДМК), антифеодальное и промухаджирское движение, было основано неортодоксальными и образованными городскими жителями в Синде и особенно в Карачи. 1990-е годы характеризовались коалиционной политикой, в которой доминировали ПНП и омоложенная Мусульманская лига.

На всеобщих выборах в октябре 2002 года Пакистанская мусульманская лига (PML-Q) получила большинство мест в Национальной ассамблее, а второй по численности группой были парламентарии Пакистанской народной партии (PPPP), субпартии ПНП. Премьер-министром стал Зафарулла Хан Джамали из ПМЛ-К, но 26 июня 2004 года он подал в отставку, и его заменил лидер ПМЛ-К Чаудри Шуджаат Хуссейн в качестве временного премьер-министра. 28 августа 2004 года Национальное собрание проголосовало 191 голосом против 151 за избрание министра финансов и бывшего вице-президента Citibank Шауката Азиза премьер-министром. Муттахида Маджлис-и-Амал, коалиция исламских религиозных партий, победила на выборах в Северо-Западной пограничной провинции и увеличила свое представительство в Национальном собрании.

Пакистан является активным членом Организации Объединенных Наций (ООН) и Организации Исламская конференция (ОИК), последнюю из которых Пакистан использует в качестве форума просвещенной умеренности, плана по содействию возрождению и просвещению мусульманского мира. Пакистан также является членом крупных региональных организаций - Ассоциации регионального сотрудничества стран Южной Азии (SAARC) и Организации экономического сотрудничества (ECO). В прошлом у Пакистана были неоднозначные отношения с США, особенно в начале 1950-х годов, когда Пакистан был "величайшим союзником США в Азии" и членом Организации центрального договора (CENTO) и Организации договора Юго-Восточной Азии (SEATO).

Во время советско-афганской войны 1980-х годов Пакистан был важнейшим союзником США, но отношения ухудшились в 1990-х годах, когда Соединенные Штаты применили санкции из-за подозрений в отношении ядерной деятельности Пакистана. Теракты 11 сентября и последующая война с терроризмом привели к улучшению отношений между США и Пакистаном, особенно после того, как Пакистан прекратил поддержку режима талибов в Кабуле. Это отразилось в резком увеличении военной помощи США, в результате чего за три года после терактов 11 сентября Пакистан получил на 4 миллиарда долларов больше, чем за предыдущие три года.

У Пакистана давно сложились непростые отношения с соседней Индией. Спор о Кашмире привел к полномасштабным войнам в 1947 и 1965 годах. Гражданская война 1971 года переросла в Войну за независимость Бангладеш и Индо-пакистанскую войну 1971 года. Пакистан провел испытания ядерного оружия в 1998 году в противовес индийским испытаниям ядерного взрыва, названным "Улыбающийся Будда" в 1974 году и Похран-II в 1998 году соответственно, и стал единственным мусульманским государством с ядерным оружием. После мирных инициатив 2002 года отношения с Индией неуклонно улучшались. Пакистан поддерживает тесные экономические, военные и политические отношения с Китайской Народной Республикой.

Пакистан также сталкивается с нестабильностью на Территории племен федерального управления, где некоторые племенные лидеры поддерживают Талибан. Пакистан был вынужден направить армию в эти районы, чтобы подавить местные волнения в Вазиристане. Конфликт в Вазиристане завершился недавно объявленным мирным соглашением между лидерами племен и пакистанским правительством, которое должно принести стабильность в регион. Кроме того, страна давно сталкивается с нестабильностью в Белуджистане, самой большой по площади, но самой маленькой по населению провинции.

Армия была развернута для борьбы с серьезным повстанческим движением в провинции с 1973 по 1976 год. Социальная стабильность возобновилась после того, как Рахимуддин Хан был назначен администратором военного положения с 1977 года. После относительного мира в 1980-х и 1990-х годах некоторые влиятельные лидеры белуджских племен возродили сепаратистское движение, когда в 1999 году к власти пришел Первез Мушарраф. В одном из инцидентов в августе 2006 года Наваб Акбар Бугти, лидер белуджских повстанцев, был убит пакистанскими военными. 3 ноября 2007 года президент Мушарраф объявил чрезвычайное положение на всей территории Пакистана и приостановил действие Конституции, введя военное положение.

По сообщениям, в Исламабаде войска вошли в здание Верховного суда и окружили дома судей. Лидеры оппозиции, такие как Беназир Бхутто и Имран Хан, были помещены под домашний арест. Устис Абдул Хамид Догар был назначен новым председателем Верховного суда Пакистана из-за отказа Ифтихара Мухаммада Чодри одобрить Указ о чрезвычайном положении, объявив его неконституционным, хотя сам он был приведен к присяге при режиме ПКО в 1999 году. В ответ на это 22 ноября 2007 года Пакистан был исключен из состава Совета Содружества наций.

В последние годы воинствующие исламисты из организации Техрик-и-Нафаз-и-Шариат-и-Мохаммади (ТНСМ), возглавляемой радикальным священнослужителем Мауланой Фазлуллой, восстали против пакистанского правительства в Свате, в Северо-Западной пограничной провинции. В 59 деревнях боевики создали "параллельное правительство" с исламскими судами, устанавливающими законы шариата.

После того, как в конце сентября 2007 года закончилось четырехмесячное перемирие, боевые действия возобновились. Для подавления насилия в регион была направлена военизированная пограничная служба, но она оказалась неэффективной.

По сообщениям, 16 ноября 2007 года боевики захватили районный штаб Алпури в близлежащем городе Шангла. Местная милиция бежала, не сопротивляясь наступлению сил боевиков, среди которых, помимо местных боевиков, были также узбекские, таджикские и чеченские добровольцы.

Для подавления воинственности и восстановления порядка пакистанское правительство направило силы регулярной пакистанской армии, которым удалось отвоевать потерянные территории, отправив исламистов обратно в их укрытия в горах, но нападения смертников на армию продолжались.

Сообщается, что Командование специальных операций США рассматривает альтернативные варианты оказания эффективной помощи Пакистану в борьбе с этим и другими связанными с "Аль-Каидой" повстанцами в пакистанских племенных районах, но перспективы остаются неопределенными, даже после проведения специального исследования в 2008 году.

Покойная Беназир Бхутто была первой женщиной, избранной на постколониальный пост мусульманского государства. Она дважды избиралась премьер-министром Пакистана. Впервые она была приведена к присяге в 1988 году, но через 20 месяцев была отстранена от должности по приказу тогдашнего президента Гулама Исхака Хана за предполагаемую коррупцию.

В 1993 году Бхутто была переизбрана, но в 1996 году ее снова отстранили от власти на аналогичных основаниях. В 1998 году Бхутто отправилась в изгнание в Дубай, где оставалась до своего возвращения в Пакистан 18 октября 2007 года, после того как генерал Мушарраф принял специальный закон, освобождающий ее от всех обвинений в коррупции, в соответствии с которым она была амнистирована, а все обвинения в коррупции были сняты. Старший ребенок бывшего премьер-министра Зульфикара Али Бхутто - пакистанца синдхийского происхождения - и Бегум ("Леди") Нусрат Бхутто, пакистанки ирано-курдского происхождения, она была обвинена своей племянницей Фатимой Бхутто в вопиющей коррупции и в том, что вместе со своим мужем Асифом Зардари несет ответственность за убийство ее брата Муртазы Бхутто в 1996 году.

После двух лет обучения в монастыре Презентации в Равалпинди, Бхутто отправили в монастырь Иисуса и Марии в Мурри. Она сдала экзамен на уровень А в возрасте 15 лет, при том, что обычный возраст - 17 лет. Получив начальное образование в Пакистане, она училась в Гарвардском университете, где с отличием окончила курс сравнительного государственного управления.

Следующий этап ее образования проходил в Великобритании. В 1973-1977 годах Бхутто изучала философию, политику и экономику в Lady Margaret Hall, Оксфорд. Она прослушала курс международного права и дипломатии в Оксфорде. В декабре 1976 года она была избрана президентом Оксфордского союза, став первой азиатской женщиной, возглавившей престижное дискуссионное общество. 18 декабря 1987 года она вышла замуж за Асифа Али Зардари в Карачи. От этого брака родилось трое детей. Отец Беназир Бхутто, бывший премьер-министр Зульфикар Али Бхутто, был смещен с поста премьер-министра в 1975 году по обвинению в коррупции, аналогичному тому, с которым позже столкнется Беназир Бхутто.

В 1977 году Зульфикар Али Бхутто был приговорен к смертной казни за заговор с целью убийства отца политика-диссидента Ахмеда Разы Касури. Хотя обвинение было "широко поставлено под сомнение общественностью", и несмотря на многочисленные призывы к помилованию со стороны иностранных лидеров, включая Папу Римского, Бхутто была повешена 4 апреля 1979 года. Просьбы о помиловании были отклонены тогдашним президентом, генералом Мухаммадом Зия-уль-Хаком. Беназир Бхутто и ее мать содержались в "полицейском лагере" до конца мая, после казни ее отца.

В 1980 году его брат Шахнаваз был убит при подозрительных обстоятельствах во Франции. Убийство другого ее брата, Мир Муртазы, в 1996 году способствовало дестабилизации ее второго срока на посту премьер-министра. Бхутто, которая вернулась в Пакистан после окончания учебы, оказалась под домашним арестом после тюремного заключения и последующей казни ее отца. Ей разрешили вернуться в Великобританию в 1984 году, и она стала лидером в изгнании партии своего отца ПНП, хотя она смогла заявить о своем политическом присутствии в Пакистане только после смерти генерала Мухаммада Зия-уль-Хака. Она сменила свою мать на посту лидера Пакистанской народной партии и продемократической оппозиции режиму Зия-уль-Хака.

16 ноября 1988 года, в ходе первых за более чем десятилетие открытых выборов, ПНП Беназир получила наибольшее количество мест в Национальном собрании. Бхутто была приведена к присяге в качестве премьер-министра

коалиционного правительства 2 декабря 1998 года, став в 35 лет самым молодым человеком - и первой женщиной - возглавившей правительство государства с мусульманским большинством в современную эпоху.

Но в 1990 году ее правительство было отправлено в отставку по обвинению в коррупции, за которую ее так и не судили. Затем к власти пришел Наваз Шариф, протеже Зии. Бхутто была переизбрана в 1993 году, но три года спустя была отстранена от должности на фоне целого ряда коррупционных скандалов тогдашним президентом Фаруком Легари, который использовал дискреционные полномочия Восьмой поправки для роспуска ее правительства. Верховный суд поддержал импичмент президента Легари решением 6:1.

В 2006 году Интерпол направил запрос на арест Беназир и ее мужа. Большая часть критики в адрес Беназир исходила от пенджабской элиты и влиятельных землевладельческих семей, которые выступали против Бхутто, поскольку она подталкивала Пакистан к националистическим реформам в ущерб интересам феодалов, которых она обвиняла в дестабилизации страны. После увольнения президентом Пакистана за коррупцию ее партия проиграла октябрьские выборы. Она была лидером оппозиции, а Наваз Шариф стал премьер-министром на следующие три года. В октябре 1993 года были проведены новые выборы, на которых победила ее коалиция ПНП, вернув Бхутто к власти. В 1996 году его правительство вновь было отправлено в отставку за коррупцию.

Французские, польские, испанские и швейцарские документы привели к новым обвинениям в коррупции против Беназар и ее мужа, и оба стали предметом ряда судебных разбирательств, включая обвинение в отмывании денег через швейцарские банки. Ее муж, Асиф Али Зардари, провел восемь лет в тюрьме по аналогичным обвинениям в коррупции. Зардари, который был освобожден из тюрьмы в 2004 году, предположил, что его пребывание в тюрьме было отмечено пытками.

В следственном отчете *"Нью-Йорк* Таймс" за 1998 год указывается, что пакистанские власти располагали документами, раскрывающими сеть банковских счетов, связанных с адвокатом семьи в Швейцарии, основным акционером которого был Асиф Зардари. Согласно статье, документы, опубликованные французскими властями, свидетельствуют о том, что Зардари предложил французской авиастроительной компании Dassault эксклюзивные права на замену устаревших истребителей ВВС Пакистана в обмен на 5% комиссионных, которые должны были быть выплачены швейцарской компании, контролируемой Зардари. В статье также говорится, что дубайской компании была выдана эксклюзивная лицензия на импорт золота в Пакистан, за что Асиф Зардари получил платежи на сумму более 10 миллионов долларов на свои счета в Citibank в Дубае. Владелец компании отрицает факт осуществления каких-либо платежей Зардари и утверждает, что документы являются подделкой.

Бхутто утверждает, что обвинения против нее и ее мужа носят чисто политический характер. "Большинство этих документов сфабрикованы", - говорит она, - "а истории, которые были рассказаны вокруг них, абсолютно ложны". Отчет Генерального аудитора Пакистана (ГАРП) подтвердил утверждение г-жи Бхутто. В нем представлена информация о том, что Беназир Бхутто была отстранена от власти в 1990 году в результате охоты на ведьм, одобренной тогдашним президентом Гуламом Исхаком Ханом. В докладе AGP говорится, что Хан сделал незаконные выплаты в размере 28 миллионов рупий, чтобы возбудить 19 коррупционных дел против Бхутто и ее мужа в 1990-1993 годах.

Активы Бхутто и ее мужа были должным образом изучены прокурорами, которые затем утверждали, что на счетах Бхутто в швейцарских банках хранилось 840 миллионов долларов. Зардари также купил особняк в стиле тюдоровского возрождения и поместье стоимостью более 4 миллионов фунтов стерлингов в Суррее, Англия, в Великобритании. Пакистанские следователи связали другие зарубежные объекты недвижимости с семьей Зардари. Среди них особняк в Нормандии стоимостью 2,5 миллиона долларов, принадлежавший родителям Зардари, которые на момент его женитьбы имели скромные активы. Бхутто отрицает наличие у нее каких-либо значительных активов за рубежом.

До недавнего времени Беназир Бхутто и ее муж сталкивались с обвинениями в официальной коррупции, связанной с "комиссионными" в сотни миллионов долларов по государственным контрактам и тендерам. Но благодаря соглашению о разделении власти, заключенному в октябре 2007 года между Бхутто и Мушаррафом, Беназир и ее муж были амнистированы. Если это решение останется в силе, оно может побудить ряд швейцарских банков "разморозить" счета, замороженные в конце 1990-х годов. Исполнительный приказ в принципе может быть оспорен судебными органами, хотя будущее последних неясно в связи с теми же недавними событиями. 23 июля 1998 года правительство Швейцарии передало пакистанскому правительству документы, касающиеся обвинений в коррупции в адрес Беназир Бхутто и ее мужа. Документы включали официальное обвинение швейцарских властей в отмывании денег против Зардари.

Правительство Пакистана проводит масштабное расследование, чтобы вернуть более 13,7 млн долларов, замороженных швейцарскими властями в 1997 году, которые предположительно были спрятаны в банках Бхутто и ее мужем. Недавно правительство Пакистана возбудило уголовное дело против г-жи Бхутто, чтобы отследить примерно 1,5 миллиарда долларов, которые она и ее муж предположительно получили в различных преступных предприятиях. Документы свидетельствуют о том, что деньги, которые Зардари, как утверждается, отмыл, были доступны Беназир Бхутто и были использованы для покупки бриллиантового колье стоимостью более 175 000 долларов США.

В ответ ПНП категорически отвергла обвинения, предположив, что швейцарские власти были введены в заблуждение ложными доказательствами, предоставленными Исламабадом. 6 августа 2003 года швейцарские судьи признали Беназир и ее мужа виновными в отмывании денег. Их приговорили к шести месяцам лишения свободы условно, оштрафовали на 50 000 долларов каждого и обязали выплатить 11 миллионов долларов правительству Пакистана.

Шестилетний судебный процесс завершился тем, что Беназир и Зардари положили на швейцарские счета 10 миллионов долларов, которые были переданы им швейцарской компанией в обмен на контракт в Пакистане. Пара заявила, что подаст апелляцию. Пакистанские следователи утверждают, что Зардари открыл счет в Citibank в Женеве в 1995 году, через который он якобы перевел около 40 миллионов долларов из 100 миллионов долларов, полученных им в качестве взяток от иностранных компаний, ведущих бизнес в Пакистане.

В октябре 2007 года Даниэль Заппелли, прокурор кантона Женева, заявил, что в понедельник он получил результаты расследования дела об отмывании денег против бывшего премьер-министра Пакистана Беназир Бхутто, но он не уверен, будет ли она привлечена к ответственности в Швейцарии:

> Польское правительство передало Пакистану 500 страниц документов, связанных с обвинениями в коррупции против Беназир Бхутто и ее мужа. Обвинения связаны с покупкой 8 000 тракторов в рамках сделки 1997 года. По словам пакистанских чиновников, польские документы содержат подробности о незаконных комиссионных, выплаченных тракторной компанией в обмен на принятие их контракта. Утверждается, что в результате этой договоренности было получено 103 миллиона рупий (2 миллиона долларов) в виде взяток.

Документальные свидетельства, полученные из Польши, подтверждают схему взяточничества, созданную Асифом Зардари и Беназир Бхутто во имя запуска проекта "Трактор Авами".

Беназир Бхутто и Асиф Али Зардари предположительно получили 7,15-процентную комиссию от этих покупок через своих подставных лиц, Йенса Шлегельмильха и Дидье Плантина из компании Dargal S.A., которые также получили около 1,969 млн. долларов США за поставку 5900 тракторов Ursus.

В ходе крупнейшего платежа, обнаруженного следователями, ближневосточный торговец золотыми слитками предположительно перевел на один из счетов Зардари не менее 10 миллионов долларов, после того как правительство Бхутто предоставило ему монополию на импорт золота, которое подпитывало ювелирную промышленность Пакистана и торговлю наркотиками. Деньги, как утверждается, были переведены на счет Зардари в Citibank в Дубае. Пакистанское побережье Аравийского моря, простирающееся от Карачи до границы с Ираном, давно стало пристанищем для контрабандистов золота.

До начала второго срока Бхутто эта торговля, оцениваемая в сотни миллионов долларов в год, была нерегулируемой. Осколки золота, называемые бисквитами, и более тяжелые слитки перевозились на самолетах и доставлялись между Персидским заливом и практически неохраняемым пакистанским побережьем. Пустынное побережье Маккра также является местом выгрузки огромных партий героина и опиума из Афганистана, и через него идет торговля золотом с базирующимся в Дубае Британским банком Ближнего Востока.

Вскоре после возвращения Бхутто на пост премьер-министра в 1993 году пакистанский торговец слитками в Дубае Абдул Раззак Якуб предложил сделку. В обмен на эксклюзивное право на импорт золота Раззак помогал правительству регулировать торговлю. В ноябре 1994 года

Министерство торговли Пакистана направило Раззаку письмо, в котором сообщило, что он получил лицензию, которая сделала его, по крайней мере, на ближайшие два года единственным лицензированным импортером золота в Пакистане.

В интервью в своем офисе в Дубае Раззак признался, что использовал лицензию для ввоза в Пакистан золота на сумму более 500 миллионов долларов и что он несколько раз приезжал в Исламабад для встреч с Бхутто и Зардари. Но он отрицал, что имела место коррупция или тайные сделки. "Я не заплатил Зардари ни цента", - сказал он.

Г-н Раззак утверждает, что кто-то в Пакистане, желая уничтожить его репутацию, организовал ошибочное указание его компании в качестве вкладчика. "Кто-то в банке сотрудничал с моими врагами, чтобы сфабриковать фальшивые документы", - сказал он.

Ни разу не была упомянута огромная торговля героином и опиумом, хотя именно она является основой для торговли золотом в Дубае. Фермеры, выращивающие опийный мак в Гильменде, Афганистан, не принимают бумажные деньги за свой урожай и всегда получают плату золотом. С сентября 2004 года Бхутто живет в Дубае, Объединенные Арабские Эмираты, где она заботится о своих детях и матери, страдающей болезнью Альцгеймера, ездит читать лекции и поддерживает связь со сторонниками Пакистанской народной партии. В связи с этим, естественно, возникает вопрос. Почему именно Дубай?

Ответ очевиден. Бхутто оставался в Дубае, чтобы наблюдать за огромными операциями с золотом, проводимыми Банком Дубая. Она и ее трое детей воссоединились со своим мужем и отцом в декабре 2004 года, спустя более пяти лет.

27 января 2007 года она была приглашена Соединенными Штатами для встречи с президентом Бушем и представителями Конгресса и Госдепартамента. Бхутто выступила в программе "Время вопросов" на Би-би-си в

Великобритании в марте 2007 года. Она также несколько раз выступала в программе BBC News Night. В мае 2007 года она опровергла комментарии Мухаммада Иджаз-уль-Хака по поводу рыцарского звания Салмана Рушди, заявив, что он призывает к убийству иностранных граждан.

Бхутто заявила о своем намерении вернуться в Пакистан в 2007 году, что она и сделала, несмотря на заявления Мушаррафа в мае 2007 года о том, что ей не позволят вернуться до всеобщих выборов в стране, назначенных на конец 2007 или начало 2008 года, поскольку на нее может быть совершено покушение. Однако другие источники предупреждали ее о том, что весьма вероятно, что будет предпринята попытка покушения на нее. Наркоторговля - очень опасный бизнес, и те, кто совершает ошибку, пересекаясь с семьями королей этой прибыльной торговли, подвергают себя большому риску.

Американский историк Артур Херман в противоречивом письме, опубликованном в *Wall Street Journal* 14 июня 2007 года, в ответ на статью Бхутто, содержащую резкую критику президента и его политики, назвал ее "... один из самых некомпетентных лидеров в истории Южной Азии", и заявила, что она и другие представители пакистанской элиты ненавидят Мушаррафа, потому что он мухаджир, сын одного из миллионов индийских мусульман, бежавших в Пакистан во время раздела в 1947 году. Герман также утверждал:

> "Хотя именно мухаджиры в первую очередь выступили за создание Пакистана, многие этнические пакистанцы относятся к ним с презрением и считают их гражданами третьего сорта".

Тем не менее, к середине 2007 года США, похоже, настаивали на заключении соглашения, в котором Мушарраф останется президентом, но уйдет с поста главы армии, а Бхутто или один из его кандидатов станет премьер-министром.

Несмотря на все внутренние распри, торговля наркотиками

продолжалась, казалось, не обращая внимания на продолжающиеся политические конфликты. Ни у кого не хватило смелости сделать шаг вперед и перекрыть дорогу из Афганистана в Маккра, что позволило бы запретить масштабную торговлю опиумом. Ставки были слишком высоки, чтобы кто-то взялся за такую грандиозную задачу. В 2007 году DEA сообщило, что производство опиума в Афганистане достигло рекордного уровня - 6 000 тонн за год, несмотря на то, что основной район выращивания опийного мака, Гильменд, постоянно патрулировался, в основном британскими и американскими войсками под командованием НАТО.

Наркомагнаты еще раз показали всему миру, что независимо от того, какое правительство контролирует страну (любую страну, кроме России), они могут продолжать вести бизнес, используя инновационные методы, смену темпа и направления. Я очень сомневаюсь, что новому президенту США Бараку Обаме позволят реализовать любые меры, которые он захочет принять. Время покажет. Тем временем многомиллиардный бизнес продолжает работать. Новый "бизнес-план" наркокартеля предусматривает перенос распространения кокаина из Мексики, Карибского бассейна и Панамы в далекую Африку.

Кроме того, руководство страны снизило цены на кокаин на 50% на оптовом уровне, в результате чего стоимость "линии" кокаина стала меньше 5 долларов, что по карману каждому покупателю на улице. Прелесть этого плана с точки зрения Картеля заключается в том, что африканскими странами-импортерами легко управлять, а правоохранительные органы, за одним или двумя исключениями, крайне слабы и очень подвержены коррупции.

Еще одна страна, откуда кокаин попадает на европейский рынок, - это "Косова", идея Ричарда Холбрука, так называемого архитектора разрушения Сербии, которая была просто подарена Албании, загнивающей стране, торгующей наркотиками и белыми рабами. Да, хотите верьте, хотите нет, но валовой национальный продукт Албании складывается из доходов от наркоторговли и белых рабов.

Отныне торговля кокаином будет процветать в Косово, как это уже сто лет происходит в Албании. Любая попытка агентов DEA остановить его будет встречена запугиванием и убийством. Пока агентство ООН по борьбе с наркотиками и антинаркотические силы Западной Европы и США не разберутся с новыми маршрутами сбыта, наркокартели будут иметь свободу действий.

Обновление в апреле 2009 года

Три года назад мексиканские власти, подталкиваемые Соединенными Штатами, объявили войну наркоторговцам. В результате этих действий Мексике грозит быстрый упадок и крах, если США не вмешаются и не помогут Мексике войсками и адекватным финансированием. Хотя новый госсекретарь администрации Обамы признает, что битва, бушующая в Мексике, представляет собой очень реальную опасность, если она перекинется на США, она недавно сказала в интервью CBS news, что готовится принять меры, чтобы помочь Мексике людьми и деньгами. Перед лицом известного факта, что мексиканские наркобароны терроризируют Мексику, совершая ужасающие по своей жестокости действия, трудно понять нежелание США оказать помощь. Нельзя сказать, что Мексика находится далеко от США или что у нас нет тесных отношений. На самом деле, с дипломатической точки зрения, мы ближе к Мексике, чем к Канаде.

В январе 2009 года мексиканские террористы похитили десять солдат. Вскоре после этого их изрешеченные пулями тела были оставлены на обочине оживленной дороги. В другом случае гражданин, которого считали полицейским информатором, был похищен, ему отрезали голову, а тело повесили на обочине автомобильного моста на виду у тысяч автомобилистов, пользующихся метро.

В 2008 году наркотеррористами было похищено и убито 6 300 человек. На самом деле, Мехико заслужил незавидную репутацию мировой столицы похищений. Жертвами становятся как богатые, так и бедные. Недавно 250 000 человек собрались на главной площади Мехико, чтобы выразить протест против медленного реагирования правительства на действия наркобаронов. Но правда в том, что у Мексики нет ни людей, ни денег, чтобы организовать такой мощный ответ наркобаронам, который необходим. Более того, наркобароны вооружены лучше, чем мексиканское правительство.

Мексиканская полиция и федеральные агенты по борьбе с наркотиками. У наркоторговцев есть автоматические винтовки и ручные гранаты, и они регулярно побеждали мексиканскую полицию в ряде напряженных боев. Их высококачественное оружие приобретается за наличные у дилеров в США. Правительство США заявляет, что оно добивается прекращения продаж этого оружия. Согласно недавнему исследованию ООН, проведенному в Мексике, стоимость наркоторговли составляет ошеломляющие 38 миллиардов долларов в год, и каждый месяц в этот бизнес вовлекаются все новые и новые торговцы. В мексиканских силах по борьбе с наркотиками процветает коррупция, и хотя генеральный прокурор Мексики утверждает, что он принял новые меры по ограничению наркоторговли, все указывает на рост насильственных преступлений, связанных с наркотиками. В этой безрадостной картине есть несколько светлых пятен: в 2008 году Мексика арестовала 57 000 наркоторговцев, и только что стало известно, что правительство США выделило дополнительно 56 миллионов долларов в год на помощь Мексике в борьбе с наркобаронами.

Как и опасались, мексиканский наркотерроризм перекинулся на 230 американских городов и теперь, по состоянию на середину апреля 2009 года, является преступлением номер один в Америке. Наш долг - присоединиться к продолжающейся борьбе с опасной угрозой для Америки, которую представляет наркоторговля. Мы должны осознать, что находимся в состоянии войны с безжалостными людьми, которые полны решимости подорвать и развалить нашу великую Республику. Соединенные Штаты должны последовать примеру президента Колумбии Бетанкур. На карту поставлено все будущее нашей нации. Это не та война, от которой мы можем уйти. Это борьба на смерть. Мы должны выиграть эту войну. Если мы не победим, враг в наших воротах сделает гигантский шаг вперед в осуществлении своей программы рабства и тьмы для всех нас, как это предусмотрено в планах Единого мирового правительства.

Уже опубликовано

OMNIA VERITAS LTD ПРЕДСТАВЛЯЕТ:

ДЖОН КОЛМАН

НЕФТЯНЫЕ ВОЙНЫ

ДЖОН КОЛМАН

Исторический рассказ о нефтяной промышленности проводит нас через изгибы и повороты "дипломатии".

Борьба за монополизацию ресурса, желанного для всех стран

OMNIA VERITAS LTD ПРЕДСТАВЛЯЕТ:

ДЖОН КОУЛМАН

ДИНАСТИЯ РОТШИЛЬДОВ

ДИНАСТИЯ РОТШИЛЬДОВ

Джон Колман

Исторические события часто вызываются "скрытой рукой"...

OMNIA VERITAS LTD ПРЕДСТАВЛЯЕТ:

ДЖОН КОУЛМАН

ТАВИСТОКСКИЙ ИНСТИТУТ
человеческих отношений

Формирование морального, духовного, культурного, политического и экономического упадка Соединенных Штатов Америки

Без Тавистока не было бы Первой и Второй мировых войн.

ДЖОН КОЛМАН

Секреты Тавистокского института человеческих отношений

www.ingramcontent.com/pod-product-compliance
Lightning Source LLC
Chambersburg PA
CBHW070909270326
41927CB00011B/2508